Fröbel

Boris Nikitin

ベストキンダーガーデン

フレーベル、モンテッソーリ、シュタイナー、レジオ・エミリア、ニキーチン、ピラミッドメソッドの幼児教育の現場に学ぶ

辻井 正
著

オクターブ

Pyramid method

Montessori

Rudolf Steiner

Reggio Emilia

子どもは居心地の良い保育室で遊ぶ権利があり、
まちがいをやらかすチャンスを与えられるべきだ

――レジオ・エミリア幼稚園の入り口に書かれていた言葉より――

ベストキンダーガーデン◆目　次◆

はじめに　6

1. 世界のベストキンダーガーデン

フレーベル幼稚園・保育園──遊ぶことは学ぶこと──　12
モンテッソーリ幼稚園──自分でやるのを手伝って──　22
ヴァルドルフ・シュタイナー幼稚園──心の座標を求めて──　30
レジオ・エミリア幼稚園・保育園──子どもはイメージで考え、動く──　40
ボリス・ニキーチン積み木教育──ニキーチン流子育て──　54
ピラミッドメソッド幼稚園・保育園──子どもは自分で遊ぶことで課題をこなす──　66

2. 幼稚園・保育園はどのように変化してきたのか

幼稚園（キンダーガーデン）の始まり　86

一斉教育（保育）から個に視点を当てた近代的幼稚園・保育園の夜明け　90

3. オランダの幼稚園・保育園の現場から

ユニークな人生経験がある先生たち　96
オランダの幼稚園・保育園には楽しいことがあふれている　99
行事に見るオランダと日本の違い　101
異年齢・個別カリキュラムを取り入れたオランダの幼稚園　103
オランダの子どもたちはプロジェクト方式（長期保育計画）で学ぶ　105

4. 日本の幼稚園・保育園の現場から

喧騒と先生の叫ぶような声で始まる1日　110
ぎっしりと詰まったカリキュラム　113
一卵性双生児の母娘、私へのご褒美時代　115
子どもの自分で学ぶ力を信じたい　118
個性を一色に塗りつぶす一斉教育（保育）から抜け出すこと　121

5. 未来型の幼児教育への模索
――新しい総合施設（認定こども園）構想を視野に入れて

新しい幼児教育への歩み　126
年齢別保育空間づくりの実践　139
赤ちゃんが暮らす保育室　139
1歳児――動きのある保育室　143
2歳児――生活習慣自立のための保育室　145
3歳児――パーテーションを利用した遊びの基地作り　149
4歳児――アトリエコーナーのある保育室　152
5歳児――リサイクルコーナーを設定する　154
庭遊びと感覚体験の大切さ　157

あとがき　169

はじめに

今世紀になって以降、乳幼児～青少年の子どもたちが被害者、あるいは加害者ともなる凄惨な事件が後を絶ちません。これら「子ども事件」の背景には、現代の家庭が子育て機能を急激に低下させてきた事実があり、そして、教育・保育の現場が子どもたちのライフスタイルの変化に合わせるだけの柔軟性をもっていないことを示唆しているようです。特に、学校や幼稚園・保育園の現場の先生たちが、日々、現場のしんどさを何とかしのいで、やり繰りに疲れ果てた姿が目立ちます。また、日常生活の暖衣飽食ゆえでしょうか、子どもを育てるそれぞれの家庭が、子どもを育てあげる意識（責任感）に希薄で、子どもに社会との関わり（社会意識）を持たせることにも無頓着です。幼児教育の現場というのは、子どもが直接家庭を持ち込む度合いが大きいだけに、家庭生活の鏡のようなものです。夜10時以降まで起きている子どもが、3歳児人口の50%を超え、4歳、5歳児となると深夜族はさらに増え、朝から保育室であくびをし、ぼんやりとじっとしている子ども、異様に興奮して騒ぐ子どもが増えました。

中学生の1日の携帯メール数は50通、ゲームに3時間を費やし、そしてネット中毒といった実態調査から、子どものキレやすい原因を分析した『脳内汚染』（岡田尊司、文藝春秋）という警告書も書かれています。日本人のテレビ視聴時間は世界でもっとも長いそうですが、多分、テレビをつけたままの生活だからだと思います。この本が警告しているのは、長時間のテレビやテレビゲームが、子どもの脳、特に感情を司る分野の働きに障害を与え、他者に無関心でコミュニケーションができにくいだけでなく、キレやすい脳をつくる原因になっているということです。

また、マスコミを騒がせている体罰的な幼児虐待は減少している反面、子どもを精神的な豊かさで受け入れる能力のないネグレクト（育児放棄）的な親が一般化し、それが幼児教育という現場では、子どもたちの保育者への極端な甘えや依存として現れています。親たちの精神的な幼児性は、子どもの育ちにも問題を投げかけていますが、親自身が周りとの関係を見失ったり、また、自分の考えだけを主張する親に育てられる子どもや、子を親の夢実現の道具として一卵性双生児的に扱う母娘の増加等、子どもが親の所有物として犠牲になっている姿が、いたるところに見受けられる昨今です。

保育室や教室の子どもたちが荒れているのは、必ずしも家庭生活や社会的なライフスタイルの変化からくる心理的な要因だけでなく、幼児期の子どもに現れる「発達障害」と育てられ方との関連が原因となっています。授業という集団生活に適応できない子どもや学級崩壊的な報告の増加から、全国的に学校現場の実態調査（2000年）が行われた結果、広い意味での「発達障害児」が現場の教室にかなりの人数（6%〜）報告されています。授業に乗れない、勝手な行動をする、対人関係が苦手でキレやすい発達障害（何らかの理由で脳の中枢系神経に問題がある）のある子どもが多くなれば、当然、従来型の集団的行動を優先させる教育スタイルは崩れざるを得ません。子どもを集団として教育や保育をすることを是とする背景は、全員に同じように教え、同じように知識を得させたいという絶対的な平等意識を、個々の教師や保育者に対して、日本的世間が無意識に要求しているからです。

このような脅迫的な絶対的平等意識がどこから生まれたのかを考えているときに、司馬遼太郎さんの『この国のかたち』（文藝春秋）を読み、西欧列強国の植民地政策に恐怖を感じた明治維新の改革者たちが朱子学的な（理屈や義理を一義的に考える）一価値論に固守された思想を徹底的に国民に強制し、理想と現実の裂け目を見る生活者としての思想性を育てなかったことが、1億総国民を戦争に巻き込んできた悲惨な歴史であるといった内容にうなずきました。そして、300近い藩が存在した江戸時代は、実に豊かな文化を持った近代ヨーロッパに似た国際社会で、価値の多様さがいろいろな独創的考えを生み出したが、明治以降、そのような幅広い文化層が、次第に単一価値と精度の高い行政的な管理社会に変わり果てたことへの危機感も述べておられます。

能力の平等化とメダカの群れ的集団意識が強くなればなるほどに、個々の個性は見えにくくなり、子ども自身も個性を表現することに恐怖を感じ、教室の中でいじめられる怖さから、目立つことや自己表現を抑えていることも確かです。息苦しいメダカの群れから逃れる唯一の方法は、不登校や学ぶことへの意欲の喪失集団として波風を立てることなく生きることであり、発達的な問題を持つ子どもは、すべて同じ能力のある子どもに育てあげようとする教え方の中で、子ども仲間や教師、保育者からの理解や援助を得られないまま、集団不適応行動となっていくようです。

学校や幼児教育の現場の子どもたちの荒れや不適応行動の実態から、現在の日本的教育の枠組みを変えようとする動きは、「教育基本法改正」や「教育規制改革」論議となっています。1つは、経済や金融の世界的な同質化というグローバリゼーション時代への対応と全般的な基礎学力低下からくる危機感から、11年間義務教育化（4歳からの義務化）論議と、有効な少子化対策のない現実から、義務教育の完全無料化への視野です。義務教育の無料化は学校や、従来の幼稚園や保育園の改訂版ともいえる認定こども園の選択権も親に与えることを意味しています。子どもの教育費は、年齢に応じて親に与え、親たちが望むサービス（量的、質的）と教育内容を提供できる学校や認定こども園を親の希望で選ぶ時代です。このような政策を早くから実行している国がイギリス、スウェーデン、そしてオランダです。特に、オランダは離婚家族や未婚女性の子育ての増加、少子化といった社会構造の変化と、多数の移民家族が持ち込んだ異文化摩擦からくる教育現場の混乱から、従来型の中央政府が教育（保育）行政を行ってきた組織を、２００６年、個々の学校には経営判断の裁量権を、親には選択権を与えるという教育（保育）改革を行いました。当然、器が新しくなれば中身の飲み物も変わってきました。学校や幼稚園・保育園は自分たちの教育や保育内容を懸命に親たちに伝える努力をすると同時に、当然、親たちも教育や保育のカリキュラムに関心を持ちます。

それでは、現代の日本の幼児教育が抱える課題を解く糸口として、実際に私が見てきたヨーロッパ先進諸国のさまざまな幼児教育のスタイルを見ていきたいと思います。その中に、いま我々が手がけなければならないことが隠されているように思います。特に、現代もユニークな教育思想を掲げて幼稚園・保育園を運営しつづける先駆者たちの考え方から学びたいと思います。

1. 世界のベストキンダーガーデン

フレーベル幼稚園・保育園

F. Fröbel

── 遊ぶことは学ぶこと ──

Fröbel

キンダーガーデン（幼稚園）の始まり

「キンダーガーデン（子どもの庭）」は幼稚園を意味する世界共通語としても知られています。教育学者フリードリッヒ・W・A・フレーベル（1782―1852、ドイツ）が1839年にオーバー・バイスバッハ（旧東ドイツ）の自分の家に子どもたちを集め、そこを子どもの庭（キンダーガルテン、英語のキンダーガーデン）と名付けたのが、今日の幼稚園を意味する言葉の始まりです。私はこれまでたびたびフレーベルの生誕地を訪れました。「子どもを過酷な労働から救ったのがフレーベルです」と言

F. フレーベル

う、フレーベル博物館（生家）を20年間守りつづけるウーラさんの熱のこもった話し方は一向に衰えません。近代以前のヨーロッパ社会では庶民の大半は生活苦にあえぎ、1日の大半を労働時間に費やし、子どもたちも過酷な労働を強いられていました。現在、私たちが「子ども」という言葉を使うときには、無意識に現代的な「子ども観」を頭に浮かべているはずです。すなわち子どもは、〝人として認められ、保護され、教育を受ける権利がある〟といった考え方に異論をはさむ人は少ないと思いますが、この時代には、子どもに保育や教育を与えるといった考え方はまったくなく、子どもは大人のミニチュア化（労働資源）として捉えられていました。

子どもは貴重な労働資源の時代

ウーラさんの言葉を借りれば、「小さな家に多人数の子どもが生まれ、しかも家の中には犬や猫、それに家畜も一緒という不衛生な暮らしが普通だったために、いったん疫病が発生すると大多数の人々が死に、特に、子どもは死んであたりまえ」がフレーベルの時代でした。私は以前、1800年代の一般的な労働者庶民の家が当時のままに保存されているのを見学したことがありますが、狭い部屋に小さなベッドと大人と数人の子どもが肩をよせ合うように暮らしていた、貧しい時代の生活が再現されていました。

フレーベルが住んでいた地域は高地の寒い地方だったために、作物の実りは悪く、人々は薬草を栽培して薬を作るのがおもな収入源でした。その薬を男たちはリュックサックのような背負いかごに入れて、遠くはノルウェーあたりまで売薬に歩きました。そのために男たちが留守の間、子どもたちは家計を支える貴重な労働力でした。

「子どもは死んであたりまえであり、生き残った子どもたち」は大人並みの労働を負わされていた時代に、フレーベルの「子どもを保護し、教育を受けさせよう」とした考え方は、世間から強い反発を受けるだけでなく、子どもの労働に依存した経済体制を崩壊させるような、危険思想として受け止められました。

近代子ども観の誕生

フレーベルの思想に影響を受けて、「子どもを保護し、教育のチャンス与える」考え方は徐々に普及

Fröbel

世界で最初（1839年）に創設されたキンダーガルテン。手前の庭は、子どもたちが草花を植え、育てていた庭「ガルテン」。幼稚園の総称であるキンダーガルテン＝「子どもの庭」という呼び名はここから由来しています。

世界で初めて幼稚園が創設されたブランケンブルク地方の現在の風景。フレーベルと子どもたちが暮らしていた当時のままの姿が残っています。

していきましたが、当時の「キンダーガルテン」の姿は、フレーベルの理想とはほど遠いものだったことも現実です。当時は多数の子どもたちが1ヵ所に集められ、狭い保育空間の中で、長時間身動きのできない長椅子に座らされて、聖書の暗記や賛美歌の練習に多くの時間が費やされていました。当時の保育室が描かれた石版画に、便器付きの椅子に座らされ食事から排泄まで同じ椅子の上で終日を過ごす幼児が描かれていたり、1つの部屋に50人程の子どもたちがいて、1人の保育者の指示で一斉《いっせい》保育を受けているような光景が絵や資料などに残されています。

近代的な「子ども観」が誕生したのは、

フレーベル幼稚園・保育園

Fröbel

産業革命以後に経済的な余裕のある階級が、現代の姿に近い「家庭」を形成しはじめ、家族関係が意識されだしたためで、ようやく子どもに対する関心が芽生え、愛情の対象として子どもを見るようになったといわれています。

親と子どもが一緒に過ごす時間を保障する

現在のフレーベル幼稚園・保育園には、0歳から6歳までの約100人の子どもたちが保育を受けています。

東西ドイツの統合以来、この地域にあった4つの幼稚園が閉鎖されるぐらい、少子化問題が深刻だと園長のヘーンさんは言います。統合以来、旧東ドイツの経済は大きな打撃を受けるとともに、若者の失業者が急増し、将来への不安感から子どもを欲しがらない家族が増えたために、旧東ドイツ時代の福祉や保育政策が引き継がれ、保育料は月に115ユーロ（約16、800円）に給食費が月67ユーロ（約9、800円）と、経済的な援助はかなり行われているようですが、「最近の若い親たちに、子どもを育てる夢がなくなってきた」とヘーンさんは顔を曇らせます。親たちが子どもを受け入れようとしないために、子どもたちの生活態度が乱暴で、これまでの子どもとは「すっかりと変わってきたように思う」と言う保育歴25年の彼女の言葉は、日本の保育者が語る言葉に重なり合います。親が子どもを受け入れ、関心を抱かせるために何ができるのかとたずねると、「親と子どもが一緒に過ごす時間」を保障することが何よりの子育て支援だと言い切りました。現在の日本が抱え込んでいる課題への答が、このキンダーガルテン誕生の地にあるようです。

フレーベルは室内遊びだけでなく、庭遊びとして子どもたちにそれぞれの花壇の世話を任せ、植物の自然の成長を自分自身の成長の鏡とさせました。保

「私たちの幼稚園を自由に使ってください」という標語が書かれた現在のフレーベル幼稚園の園舎。

幼稚園の玄関に、フレーベルの思想をシンボル化した積み木の塔が立てられています。直方体、立方体、球形を積み上げげた塔です。

フレーベルの生まれ育った家は当時のままに保存され、現在はフレーベル博物館として公開されています。当時の家内工業（売薬生業）の興味深い光景が見られます。

フレーベル幼稚園・保育園

Fröbel

育室では、輪になってフレーベルの歌をうたっている子どもたちの姿が見られます。積み木遊びができる専用のコーナーも準備されています。

幼稚園といっても、日本でいう保育園のスタイルで、給食の後、子どもたちは保育室のコーナーでお昼寝をします。子どもたちが眠りに入るまで、絵本の朗読を続ける保育者、ギターを弾く保育者と、保育室はまるで「私の部屋」的な雰囲気です。

ベルリンの壁が崩壊した当時に訪問した時は、幼稚園の雰囲気は旧東ドイツ時代の硬直した雰囲気でしたが、ヘーン園長の努力もあって、最近は設備や教育内容、特にフレーベルの教育思想を学ぶ研修室も充実し、世界で最初に創設されたキンダーガルテンとしての誇りが伝わってきます。

◆フレーベル幼稚園・保育園の子どもたち

フレーベル幼稚園は早朝6時から始まります。

旧東ドイツの人々は早朝から働いて、夕方4時頃には自宅に帰る生活スタイルですから、子どもたちも朝早くから登園します。軽食程度の朝食を保育室の中で食べてから保育が始まります。

1日の始まりは、まるく輪になって手をつないで、フレーベルのリズム歌をうたいます。全員で一緒にする保育は歌をうたってボールを投げ合うか、森の中で木の実を集めるリズム遊びです。それ以外は、子どもたちの自主的な遊びで1日を過ごしますが、フレーベル教育の伝統である、庭遊びとフレーベルの歌を中心としたリズム遊び、そして、積み木遊びは健在です。

子どもの人数が少ないこともあって、幼稚園全体はじつに静かで、子どもたちの叫び声も聞こえてきません。日本の保育室では、自由な遊び時間になる

フレーベルは子どもたち一人ひとりにこのような庭を与えました。現在のフレーベル幼稚園の庭では、クラス単位で庭を持っています。

フレーベル幼稚園の園庭の特色は、円形になった歩道に砂利、小石、砂、木などの異なった素材が敷き詰められていることで、子どもたちはその周辺を走り回っています。ここでは庭「ガルテン」は大切な教材の1つです。

フレーベルの歌といわれている「小鳥が飛んでいって、また巣に戻る……」を歌いながらゲームをする姿は毎日見られます。

とアニメの戦闘シーンごっこが展開されたりしますから、子どもたちの活発な動きや大きな声で騒ぐ姿を見慣れた私の目には、フレーベル幼稚園の静かさには驚かされます。子どもが落ち着いている理由に、クラス全員での集団遊びではなくて、小さなグループや一人遊びが多いからでしょう。当然、先生方もごく普通の小声で子どもたちと話しています。

全体をクラス単位で統一した行動で動かす保育ではなくて、なぜ、小さなグループに分かれて遊びや保育を展開するかの答は保育室の中にありました。

保育者は部屋の中をゆっくりと歩き、それぞれのコーナー遊びの展開を見て回ります。

子どもが保育者に質問や要求があるときは、「センセイ！　センセイ！」と手を上げるのではなくて、子どもがその場から立って保育者のいる場所に行きます。たまたま保育者が他の子どもやグループを相手にしているようなときには、少し離れた場所で待っています。時には数人の子どもが一緒に待っていることもあります。保育者が「おいで」と目で促し1人の子どもが保育者と話をする間、他の子どもたちは待っています。そして先の子どもが終わるやいなや、待っていた次の子どもがさっと保育者に近づ

積み木遊びの専用コーナー。子どもたちは誰からも邪魔されることなく、積み木遊びに集中できます。

きます。保育室に流れがあることが分かります。

全体を一斉にまとめて指導するのではなくて、個々の子どもとの信頼関係を築くことに中心がおかれる保育には、このような小さなグループ分けが適しているのです。

積み木コーナーで列車遊びを展開している子ども。このような遊びが1時間以上も継続していました。

モンテッソーリ幼稚園

M・Montessori

—自分でやるのを手伝って—

Montessori

子どもは手から学ぶ

「現在の多くの親たちは、子どもたちを教え導き、生活の伝統を教える力を失ってしまったのでしょうか？」とモンテッソーリ幼稚園の先生たちは問いかけます。

テレビの強力な魅力、学校や受験競争によるストレス、働いている親は子どもと遊ぶ時間があまりにも少ないし、そうでない親の多くも子どもと過ごす時間は少ないのが現実です。しかし、子どもたちはじつに多くの面で親の影響を受けていることが分かってきました。親の育て方は、子どもたちの人格的な核となる考えを形成します。子どもたちが人生ではじめて「自分が何者であるか」を感じるには、幼児期に世話された親や保育者からの影響が強く、それは子どもたちの振る舞いや行動に現れるとともに自分自身へのイメージを作り、いずれは次世代を背負う人間となるのです。子どもたちのすべての選択は、「自分が何者であるか」の理解から始まり、その後の子どもの人生に大きな影響を与えることが分かってきました。

マリア・モンテッソーリ（１８７０—１９５２、イタリア）は、子どもは環境への積極的な参加を通じて、性格（人格・個性）を形成する、もしくは作

M. モンテッソーリ
「自分でやるのを手伝って」という言葉が幼稚園の玄関に、創始者モンテッソーリの写真とともに掲げられています。

日常生活を教育の中に取り入れたモンテッソーリ幼稚園では、具体的な靴磨きセットが保育室の教材として用意されています。子どもたちは保育者からの強制ではなく、遊びの１つとしてこのような靴磨き遊びを長時間楽しみます。また、銅製の食器類を磨く姿や織物をする姿も見かけられます。伝統的なモンテッソーリ教育の１つです。

り上げると考えていました。モンテッソーリは発達のいくつかの異なる段階を定義し、大人になってからの人格のあり方は、その人の幼児期からの育ちの段階の満足度によると論じています。

モンテッソーリ教育のアプローチ（取り組み、扱い方）の数ある利点の1つは、子どもが自立した学習者になることです。自立を促す方法は、子どもが一番好きな遊びや活動をするのを認め、それらを完成させ、自分で間違いを見つけさせることです。親は、子どもの遊びを中断させて、間違っていると教えたくなるでしょう。でも、親が待つことを学べば、子どもはどのように間違いを直せばよいのかを自分で見つけられます。

例えば、子どもに正しくテーブルセッティングをさせたいのならば、まずはじめに正しい数の箸を与えます。テーブルセッティングが終わったときに、もし箸が1本足りなかったら、子どもは自分が間違ってどこかに多く置いたと気付き、テーブルに戻ってどこにその箸があるのかをチェックすることができます。親が「間違ったわよ！」と言う必要はないのです。子どもは、自分で間違いを直すことに慣れ、自立した学習者になるのです。

異年齢クラスの特色。子どもの名前とそれぞれの年齢の数だけのビーズ球を天井から吊るした、おもしろいアイデアのモビールです。子どもたちに誕生日の大切さを無言で語りかけます。

誕生日の子どもだけが座る特別な椅子が、子どもたちが通る廊下に隅に置かれています。子どもたちはこの椅子に座れる日を心待ちにしています。

整然と秩序のある保育室で子どもが遊ぶ、というのがモンテッソーリ教育の原点です。遊びの場が目で見え、おもちゃや保育素材が秩序正しく置かれています。

保育室はいくつかのコーナーに分けられていますが、子どもたちが何をして遊ぶ場所なのか、はっきりと分かるように区分けされています。

モンテッソーリ教育のねらいは、子どもが自主的に遊ぶことを通して、自立した子どもに育て上げることなのです。

◆モンテッソーリ幼稚園の子どもたち

これまで私が訪問したヨーロッパのモンテッソーリ幼稚園はオランダ、ドイツ、そしてイタリアが中心です。

保育室に入って最初に気が付くのは、子どもたちが床の上にカーペットを広げてゲーム遊びをしている光景です。もちろん机でお仕事（＝遊び）をしている子どももいますが、床遊びの姿は多くのモンテッソーリ幼稚園で見かけられます。必ずしもグループ遊びではなく、1人で遊んでいる姿もしばしば見かけます。保育室には1人で遊ぶ場所として、壁に向かった机と椅子が1組置かれています。一緒に遊ぶことは大切ですが、自分で選び、自分で決めたやり方で遊ぶ一人遊びは、子ども自身の自己像（セルフイメージ）形成や自信に繋がるために必要です。

モンテッソーリ幼稚園の一目で分かる特色は、モンテッソーリ教具と呼ばれるおもちゃが整然と棚に並べられていることです。歴史のあるモンテッソーリ幼稚園を訪れると、長年、子どもたちが手で使ったために、ピカピカに磨き上げられたような積み木を目にします。教具が棚に整頓されたそばではカーペットを敷いて子どもたちが遊んでいますが、遊び終わるとおもちゃは元の棚に戻し、カーペットはく

モンテッソーリの保育室でしばしば見かけるのは、子どもが自分でカーペットを広げて遊びはじめ、遊び終わると再びカーペットを巻いて元の位置に戻している様子です。モンテッソーリ幼稚園では床遊びが活発です。

窓の外にアムステルダム運河が見える保育室。机の配置、教具の棚、カーペット、観葉植物と美しい秩序感があります。カーペットの上には高い積み木タワーが建っています。このタワーを崩さないように、保育室では静かに移動するよう、子どもたちに無言で語っているようです。コーナーをうまく利用して、おもちゃや教具、楽器が整然と棚に入っている典型的なモンテッソーリ幼稚園の保育室です。

モンテッソーリ幼稚園では異年齢構成が中心。１つの机のコーナーに座っている子どもの年齢が違うだけでなく、学習している内容も異なっていますが、この写真では学習の遅れている子どもにボランティアが教えています。隣の男の子はバナナを食べながらの自習です。

るくると巻いて部屋の隅のカーペット立てに入れます。遊びには、遊びを始め、展開して、そして終わるといった一連の行動の流れがあることを子どもたちは身につけています。

日本の幼稚園で見慣れた一斉に同じことをする保育活動、同じリズムで動く運動会に見られる集団行動、そして集団演技による生活発表等はあまり見受けられません。

私は以前から、西欧先諸国ではそのような行事はないのかという疑問をもっていましたが、彼らの幼稚園にも行事はあります。しかし、行事は地域社会の活動の一貫として行われています。例えば、宗教行事に関連したかたちで、また、季節的な収穫感謝祭等のやり方です。もちろん、子どもたちの作品や芸術活動の成果を発表するようなことはありますが、その行事に向けての特別な練習や保育活動はなくて、平素行われていることの成果を発表するという考えで、楽しむことが第一義的です。

クラスの集団意識はそれほど強くありません。保育者の指示に従って一斉行動するような姿はまれです。子どもたちは、小さなグループに分かれて、準備されたテーマのおもちゃや教材がある場所で遊びます。

給食の配膳は年長児の仕事です。年少児は世話される関係を身につけます。スプーンを並べたり、スープの入ったお皿をていねいにテーブルに置く動作を通して、微妙な体のコントロールの仕方を身につけます。

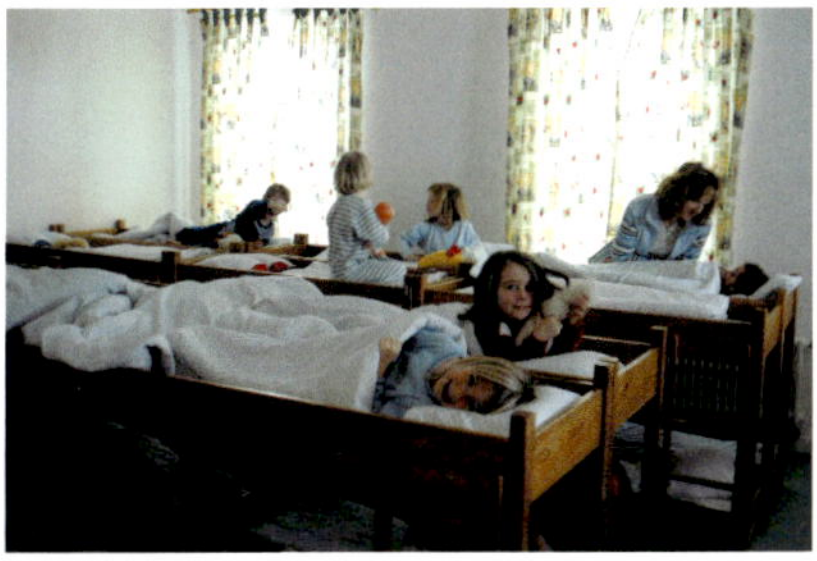

ドイツ・チューリンゲン州（旧東ドイツ）の幼稚園の子どもたちは、早朝から幼稚園が始まるために、お昼寝の時間が大切にされています。子どもたちは家から持ってきたぬいぐるみを抱いて寝ます。また、お昼寝をしたくない年長児は、大きなソファーがある別の部屋で休んでいますが、静かにすることが唯一のルールです。

「ターンオーバー」と呼ばれる数や文字を学ぶための基本的な学習。子どもはゲームから学びます。モンテッソーリ教具のライセンス製造をしているオランダのニーホイス社の製品です。

ヴァルドルフ・シュタイナー幼稚園

Rudolf Steiner

―― 心の座標を求めて ――

シュタイナー幼児教育

近年、日本においてもシュタイナー教育に強い関心が注がれています。科学信仰と知識伝達型の教育への疑問が、人々を「心」や「精神」のあり方に目を向けさせ、ますますシュタイナー教育への期待感が膨らんでいます。

哲学者・教育学者ヴァルドルフ・シュタイナー（1861―1925、ドイツ）の人智学を一言でいうと「子どもは5、6歳で歯が生え変わります。人の生涯に二度と生えてこない固いものです。それゆえに、歯が生え変わるまでに人生の基礎を形成し

Steiner

よう」という考え方です。人生最初の7年を第1期と考え、この時期に生理的な器官ができるがゆえに、幼児期は個々の知的な学習に力を入れるのではなくて、自己を取り巻く世界全体を把握させることにエネルギーを注がせます。子どもは7年までは生理的器官の発達に応じて、遊び道具の木の切れ端、石、貝殻、果物、羊毛、自然色で彩色した布を使って、保育者の指導のもと、全体的な統一のとれた、感じる、考える、行動する等を教えられます。シュタイナー教育では保育者や教員の存在が非常に重要な位置を占めていて、その多くはシュタイナー教育専門養成学校で訓練を受けた卒業生です。また、シュタ

円形のカーペットの周りに子どもが集まって保育者の話に耳を傾け、グループ遊びをします。１日の始まりには、必ず、このようにサークルになって集まります。

子どもたちの私物を掛けるフックの上に、子どもごとのシンボルマークがつけてあります。木に描かれているのは、子どもたちの好きな童話の主人公たち。卒園すると、次の子どもたちがこれを引き継ぎます。

自然素材はシュタイナー幼稚園の大切な保育素材。貝殻、葉っぱ、小石、木の枝が美しく並べられています。

ヴァルドルフ・シュタイナー幼稚園

Steiner

イナー教育は学校の一環として考えられているので、幼児教育と学校教育の連続性も魅力になっています。

シュタイナー幼稚園の保育室は一言でいえば、全体がやわらかな調和で統一されていて、細かい部分への配慮が行き届いています。自然素材色の布地、羊毛等で作られたカーテンを利用して、見事に保育空間をデザインしています。

私はこれまでいくつかのシュタイナー幼稚園を訪問してきましたが、心に残っているのはドイツ、カッセルのシュタイナー施設です。教育施設としては幼稚園から高等学校までとシュタイナー教員養成学校、さらに病院、農場、障害者施設、そして宣伝と販売部門のお店、とシュタイナー思想が目の前に現実化されています。

私が強い関心をもったのは、初めて専門養成学校の授業を見学したとき、シュタイナー教育でよく使われる楽器ライアー（ペンタトニク音）を使って練習している光景でした。学生たちの服装もオイリュトミー（シュタイナー教育特有のリズム表現）に着用する、ゆったりとした着流しで、不思議な音律と雰囲気の中に囲まれているような体験をしました。

保育室のコーナーにはカーテンがテントのように吊り下げられ、もぐりこめる空間（洞窟）が作られています。子どもたちはこの中でごっこ遊びをします。また、人形の家はいつも同じ場所にあり、机の上には次の遊びが準備されています。

カーテン内の空間。ごっこ遊び用に準備された小道具はすべて見事に子どもサイズに統一されています。

羊毛を使って手作りされた人形が窓際に飾ってあります。子どもたちは羊毛を引き伸ばし、それを丸めてボールや人形を作る製作指導を受けます。子どもたちの作品が日常の保育活動の素材として使われます。

木片を無造作にカゴに入れて遊びはじめた女の子。木片を見事な構築物に作り上げていました。不揃いの木片は積み木にもなります。

ヴァルドルフ・シュタイナー幼稚園

Steiner

この施設に併設している劇場は、子どもや専門養成学校の学生のオイリュトミー演劇場ですが、一般の人たちにも公開されています。ここでは色彩感覚に特別な注意が払われ、階段を登るにしたがって色が微妙に変化し、劇場の天井の色につながる色彩変化は見事です。

◆ヴァルドルフ・シュタイナー幼稚園の子どもたち

シュタイナー教育は、日本でも多くの幼児教育者の憧れであり、関心の的になっています。

シュタイナーの思想は「アントロポゾフィー」と呼ばれ、人間の心の営みを宇宙的な広がり（深い精神的な働き）で捉える独自の思想的な背景をもった教育法ですが、幼稚園や小学校の教育現場を見るたびに感心させられるのは、ゆっくりとしたリズムで子どもたちが動いていることです。

子どもたちは午前8時から9時までの間に自由に登園するために、早く登園してきた子どもたちから、保育室で自由遊びをしているのですが、じつに静かに遊んでいます。

エアフルト（旧東ドイツ）にあるシュタイナー幼稚園の園長のブッシュマンさんは、典型的なドイツのお人よしの中年女性です。1日中、彼女の大きな笑い声が幼稚園中に響き渡り、子どもたちも乱暴なぐらいわんぱくですが、見事なほど集中力のある遊びをします。旧西ドイツの地域にあるシュタイナー幼稚園では、保護者が遠方からの送り迎えが多いようですが、ここエアフルトの園は地域に根付いた雰囲気で、送迎の時間には多くの祖父母が集まります。

同じシュタイナー幼稚園でもオランダ、アーネムのシュタイナー学校（幼稚園付属）はドイツのシュタイナー幼稚園とは異なり開放的で、先生方も自由

シュタイナー幼稚園では、先生だけが集まって座る職員室はありません。保育室に個々の先生の机があります。机の上にはペンタトニックシロホン、ローソク立て、子どもに合図をする鈴等が置かれています。

チューリンゲン州の冬は子どもたちの楽しい外遊びの時期です。園庭は果樹園の中にあり、夏にはりんごの花が一面に咲きます。

ごっこ遊びをしている5歳児と3歳児。1日の大半をごっこの服装（ドレスアップ）で過ごす子どももいます。後ろの布が掛けられているつい立ては人形芝居、お買い物、ごっこコーナーと多様に使い分けられます。

に授業を見せてくれたり、シュタイナー学校独得の成績表（Zeichnung）のつけ方も話してくれました。

――子どもの気持ちに耳を傾けることから

シュタイナー幼稚園の静けさには驚かされます。もちろん、走り回ったり騒いだりする子もいるのですが、その子どもたちを制止する保育者の声の響きも穏やかで、まるで大人と子どもが内緒話をしているような光景です。担任のヤイケ先生は、「子どもを叱るときは小さな声で、ほめるときには大きな声で」話すそうです。小さな声で叱ることで、叱られた子どもに恥をかかせないし、大きな声でほめることで、他の子どもたちに、ほめられるモデルを見せられるのです。

子どもたちがほぼ全員登園する時刻ともなると、カーテンのような被《おお》いが吊り下げられた空間で、朝の会が始まります。先生を囲んで、二十数人の子どもたちが耳を傾けています。「ミヒャエルは何をして遊ぶのかな？」と先生は静かに話しかけ、横に座っている男の子から、順次、次々と子どもたちに、「今日は何をしたいのか」と子どもの気持ちを聴いてあげる時間から1日が始まります。

２人の女の子が粉遊びをするために、クルミの実を割っています。そして指先に強い力を込めて長い時間をかけて粉にしていました。過程（プロセス）を大切にするシュタイナー幼稚園ではよく見られる子どもの姿です。

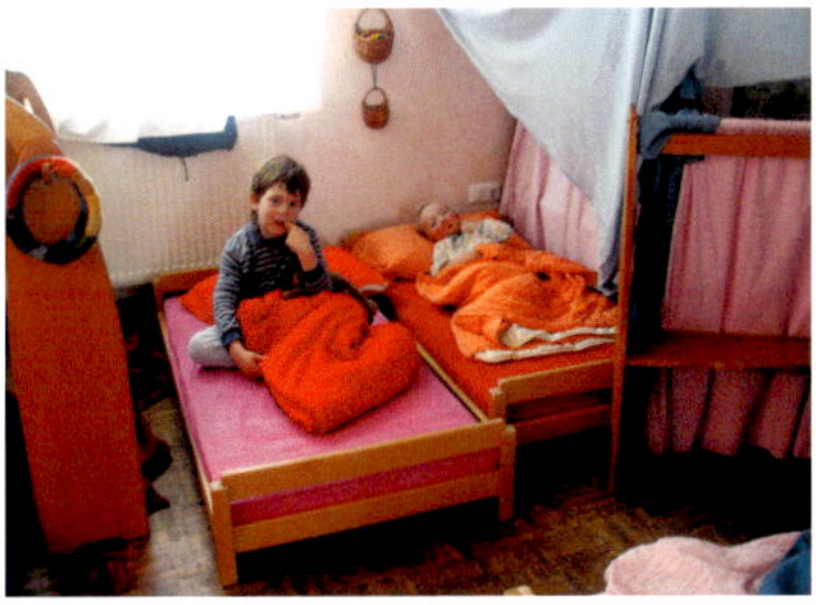

シュタイナー幼稚園では日本の保育園の生活と同じように、子どもたちはお昼寝をします。それぞれのお気に入りのコーナーがあって、子どもたちはそこにもぐりこんで寝ます。

保育室には豊かな自然素材が用意されています。クルミ、栗、羊毛、小石、木材等で子どもたちの１日の遊びが展開されます。

――作る過程（プロセス）を感じさせる遊び

先生の話が終わると、子どもたちは保育室のあちこちに用意された、各種の遊びコーナーに分かれます。３歳から５歳までの異なった年齢の子どもたちが一緒に保育を受けているために、クラス全員が一斉に同じことをする保育ではなくて、遊びは子どもたちの意思に任されます。ミヒャエルは大工道具が用意された机の上で、大きな木材を両手に抱えこんだままじっとしています。先生が彼のそばに近づくと、鉄やすりを取り上げてミヒャエルの手に握らせました。カナヅチやノコギリを使いこなすのが難しいミヒャエルには、鉄やすりが与えられ、それを使って木の塊を削るのですが、これまでずいぶんと時間をかけて削ってきたことが分かります。一見すると、丸い木の塊は動物の姿にも見えるし、乗り物にも見えますが、彼はゆっくりと、やすりをかけています。きっと、これから何日もかけて削る作業を続けていくように思います。「形あるものを作り上げることも大切だが、作る過程《プロセス》を手に感じさせたい」と先生は言います。

――色彩の交響楽を奏でる子どもたち

数人の子どもたちが机の上に水彩絵の具と画用紙を広げています。ところが絵を描くのではなくて、色を作り出す遊びに熱中しています。赤、黄、青の3色の絵の具と、水の入ったビンが用意されています。

ハイケちゃん（3歳）が、たっぷりと水分を含んだ筆に黄色い絵の具をのせて、先生が用意した少し湿り気のある画用紙に太陽を描きはじめました。大きく描いた円形が太陽のように輝いています。次に、筆をしっかりと水で洗ってから、またたっぷりと水分を含ませた筆で、青色を黄色い太陽の上に混ぜ合わせるように重ねていきます。そして、さらに赤色

画板の横に赤、青、黄の絵の具と水が置かれています。１つの色を塗り終えると、きれいに洗って、別の色を重ねていきます。繰り返して３色を重ねることで、しだいにさまざまな色彩の変化が表現されます。

保育者の仕事の多くは準備に費やされます。絵の具を塗るための画用紙は、和紙のように吸水性が強く、前日から水分をたっぷりと吸わせたものを用意します。当日、子どもたちが描きやすいように、画用紙の余分な水分を吸い取って、これでようやく描く準備の完成です。

が充分に含まれた水滴をその上から流すように、色を混ぜ合わせています。湿り気のある画用紙の上で、水分たっぷりの3色が、不思議な色彩の交響曲を奏でるかのように描かれました。ヤイケ先生の言葉を借りると、「形を描くよりは、子どもの心の中にある夢やイメージを表現させる」そうです。

シュタイナー幼稚園の子どもたちの1日は、ゆっくりとした時間の流れの中で過ぎていきます。目標に向かってものごとをやり遂げるのではなくて、手の作業や気持ちの動きに重きが置かれた教育です。子どもの育ちをゆっくりと待ちうける大人の姿勢があるから、子どもは安心して育つのだと教えられた思いです。

レジオ・エミリア幼稚園・保育園

Reggio Emilia

―子どもはイメージで考え、動く―

Reggio Emilia

世界のベストエデュケーション

イタリアの北部に、中世の街並を再現したような都市、ボローニャがあります。毎年、世界絵本展が開催されることもあって、日本でもよく知られた都市の名前です。ボローニャから列車で40分のところに、人口13万人のレジオ・エミリアの町があります。

レジオ・エミリアの地は、チーズ好きな人ならば誰もが「たしかに、そうだ」とうなずく高級チーズ、パルミジャーノ・レッジャーノの産地です。日本の鏡餅のような大きくて硬いチーズを、まるで氷を砕くかのように小さく割って、ワインのおつまみとし

イタリア北部のボローニャ

て食べられています。労働者の町ですが、イタリアでも裕福な土地柄で、人々もゆったりと暮らしています。夕方になると、たいていのお年寄りが孫と一緒に公園で遊んでいる光景が見かけられます。レジオ・エミリアでは3世帯同居も珍しくないそうです。

私が、初めてレジオ・エミリア幼稚園の名前を知ったのは、ドイツの教育雑誌に掲載されていた小さな記事でした。子どもたちが描いた絵が載せられていたのですが、どの絵もいきいきと躍動的で、見事な色彩が駆使されていました。それとともに、保育室の美しさと空間のとり方に興味を引かれました。ただ、ドイツ語の雑誌だったことと、レジオの住所が書かれていなかったために、そのときはレジオはドイツ国内の幼稚園だと錯覚したのです。雑誌社にも問い合わせたり、ドイツの友人に調べてもらったりしたのですが、連絡がとれないまま時間が過ぎていきました。ちょうど8年ほど前に、ドイツの友人がレジオの正式な住所を調べてくれたことから、レジオへの道が開けたのです。しかし近年、レジオには世界中から多数の幼児教育関係者が訪れはじめたため、個人的な研修の受け入れを断り、国別のグループ研修を行っていました。結局、言葉の壁もあって、私はアメリカの大学や幼児教育者のグループに混じって10日間の研修を受けました。

レジオが世界から注目されはじめたのは、アメリカの週刊誌「ニューズウィーク」の特集「世界のベストエデュケーション」（1991年12月号）で、子どもが育つ最高の環境としてレジオが紹介されたことが契機でした。特にアメリカの幼児教育界でレジオが盛んになった理由は、イタリア系アメリカ人レラ・ガンデニー博士の功績が大きく、彼女が多くのレジオ教育の書籍や資料をアメリカに紹介したことも影響しています。また、6年前にガンデニー博士が偶然に日本に立ち寄られた時、大阪で、レジオ教育の実践活動を講演され、私は数枚の写真の使用許可を得ました。

レジオ・エミリア教育が歩んできた道

レジオの歴史は、保育行政担当官ロリス・マラグッツィの指導と情熱が大きく貢献してきました。第2次世界大戦後の財政難の中、彼の呼びかけから、幼児期の子どもをもつ親たちが戦車の鉄くずや中古

レジオ・エミリアの町の広場にある約800年前の教会堂の前で行われた筆者たち研修生歓迎会。

トラックを売却し、そして手作り作業による幼稚園の建設がはじまったのです。この伝統はいまだに引き継がれ、幼稚園の財政だけでなく保育カリキュラムにいたるまで、親たちが参加しています。私の研修中も仕事を終えた多数の親たちが、夜の10時近くまで保育者と熱心に話し合い、親から提案される保育内容やアイデアに保育者は謙虚に耳を傾けていました。

２００６年現在、レジオ・エミリアの町には３歳から６歳の子どもが通う幼稚園が20ヵ所と、４ヵ月から３歳の子どもの乳児保育所が13ヵ所あります。イタリアも日本同様に教育水準は高くて、レジオ・エミリアでは95％の子どもが就学前教育を受け、障害のある子どもは入園・入学の優先権を与えられています。

レジオ・エミリア幼稚園・保育園

Reggio Emilia

レジオの大きな特色は、保育活動にデザイナーや芸術家たちが専門職として参加し、彼らが作り出すアイデアを保育者たちが実現していくやり方です。レジオには固定した教育理論はないし、ヨーロッパの伝統的な幼稚園（モンテッソーリやシュタイナー等）のコピーでもないといわれるように、子どもの保育活動や遊びの現場から保育内容を作り上げていくために、日々変化し流動するのです。日本的な、年間行事に沿った固定的な保育活動に慣れ親しんでいる者には、レジオは新鮮であるとともに驚きです。「変化する」保育といってもレジオの保育理念の基礎は、アメリカの教育学者デューイの思想から始まり、フランスのピアジェ心理学やロシアのヴィゴツキー言語理論の研究成果なのです。

◆レジオ幼稚園の子どもたち

——マーケットの売店のような保育室

レジオの保育室に入ると、まず、デザイン的な美しさに魅惑されるだけでなく、じつに多様な遊び空間と、遊びやアトリエ（製作）のための豊富な素材

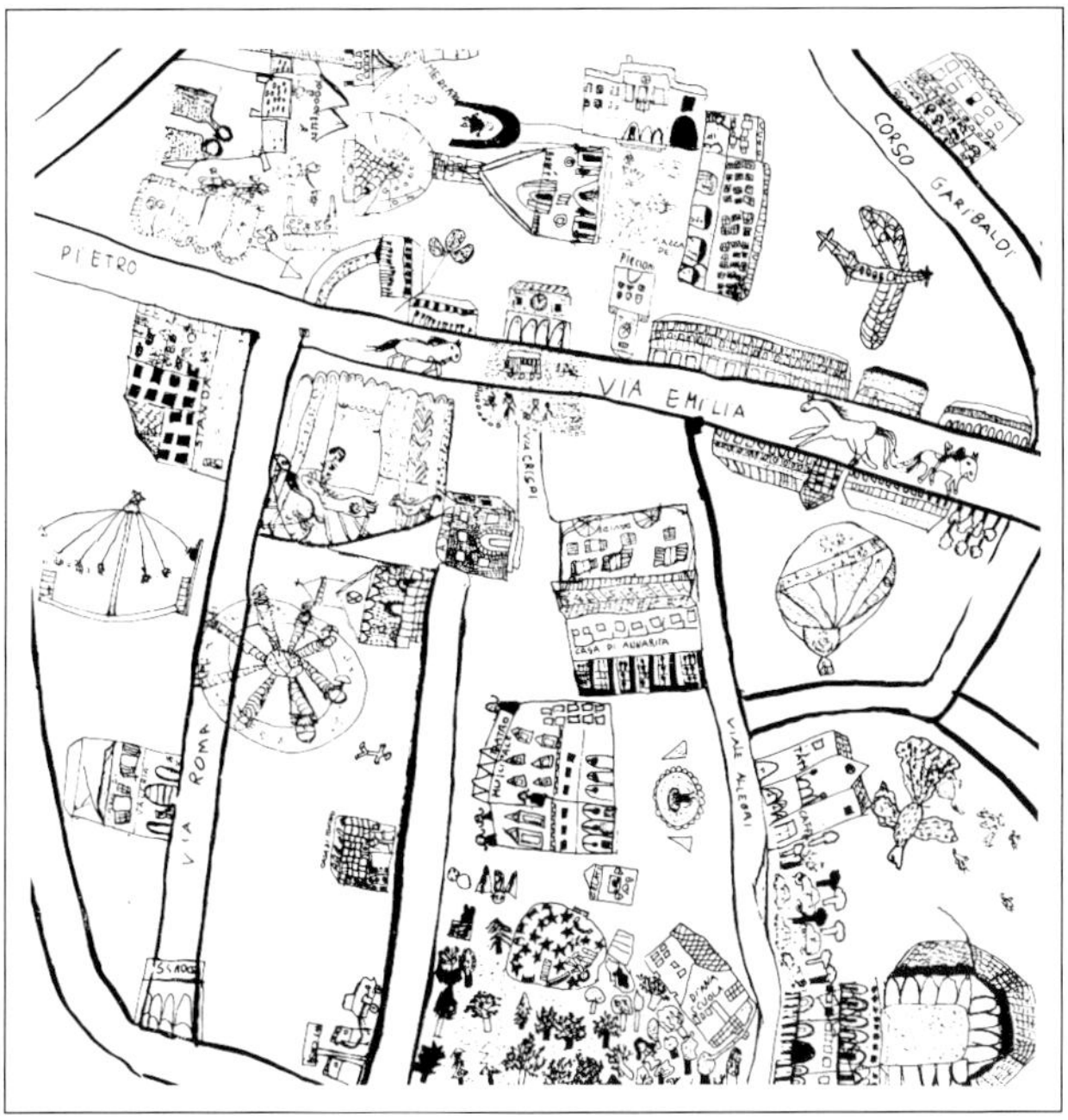

レジオの教育思想は環境が教育の場だと考えているようです。しばしば、子どもたちは町の広場やマーケットに出かけ、そこから得たテーマを作品にします。これは子どもたちが描いた町の地図。
（注：筆者が受講した講座テキストの本より抜粋）

に驚かされます。幼稚園活動の創始者マラグッツィの言葉を借りると、「マーケットの売店のように、商品を選んだり、試したり、わくわくさせられるような空間」なのです。

午前9時に幼稚園が始まり、子どもたちはそれぞれの部屋に入り、短い朝のサークルタイム（集まり）が終わると、机の上や棚に置かれているリサイクル用の素材やおもちゃ（道具類）の中から興味のあるものを選んだり、昨日の製作の続きをしたりします。机の上には子どもが興味をもちやすいようにリサイクル素材が秩序正しく並べられ、広い棚には子どもの手が届きやすい場所に、おもちゃや色紙や粘土、それにハサミ等の道具がそれぞれの箱に分類されて収められています。これらの素材や道具は、子どもの興味だけでなく、それらを使って子どもが物を考えたり、構成したり、関係性に気づくとともに、1日の長い時間を保育室で過ごせるように考えられています。

——イメージから生まれる保育活動

保育室に入ったとたんに気づくのは、子どもの心にイメージを引き起こさせる工夫がいたるところに用意されているということで、保育者の子どもへの働きかけにも同じことが見受けられます。例えば、レジオの保育室にはじつに多様な鏡が使われています。中でも私が一番おもしろいと思ったのは、親たちの協力で作られた手作りの三角鏡です（次頁上写真参照）。3枚の鏡を合わせて、鏡に囲まれた三角形の部屋のような空間を作り出しています。その空間に入ると、自分の顔が何重にも多様に写って見えます。幼稚園の玄関にこの鏡が置かれているために、いつも数人の子どもがかたまって三角鏡の中で遊んでいます。

子どもの遊びになぜイメージが必要なのでしょう

三角鏡の使用はレジオから始まったといわれており、レジオの保護者が作った鏡はすっかり有名になりました。レジオの玄関ホールに置かれています。子どもたちは鏡の中に入るのが好きで、自分があちこちにたくさん映し出される現象が、子どもには不思議でたまらないようです。

透明のプラスチックのカードにさまざまな模様が描かれ、カードの組み合わせ方によって絵が変化します。

か。子どもの物の考え方は現実的であるといわれています。具体的に触れるもの、見えるものが「現実」ですが、実際の生活は人工的に作られた物に囲まれていて、大人の指示や干渉で子どもの気持ちは擬似的な現実世界に支配されています。それに対して、子どもは大人社会に押し付けられた擬似的な現実世界から抜け出す手段として、イメージや空想の世界をもちます。空想の世界でたっぷりと遊べる時間としての「ごっこ」や「語り」があるからこそ、子どもはダンボール箱や椅子を家や山に見立てて、飽きることなく空想に浸ることができるのです。大人のように現実の生活を「たいくつ」とは考えないのです。イメージを心に育てられない子どもは、人工的な生活環境の刺激に目を奪われて、感情の安定や他者との関わり方を見失う危険性があります。

レジオ・エミリア幼稚園・保育園

Reggio Emilia

―― Piazza（広場）のある幼稚園

レジオ幼稚園全体の構造は Piazza《ピアッツァ》（広場）の思想が取り入れられています。ローマの街を歩いたことのある人ならば気づくはずですが、街の中心には大きなピアッツァがあり、生活物資を売る賑やかな市場がたち、その周辺を市役所やオペラハウスや美術館といった文化の中心となる建物が取り囲んでいます。しかも、このピアッツァから周辺に放射線状に道路が広がっているために、どの道を歩いても必ずピアッツァにたどりつく構造になっています。イタリア文化のすべてはこのピアッツァから生まれ、人々はここに足を運ぶことで1日が始まり、1日が終わるのです。

レジオ幼稚園の屋内にも中央に広場としてのピアッツァがありますが、玄関がもう1つのピアッツァとしての役割を果たしています。子どもたちは登園するとピアッツァ（玄関）で服を着替え、その周辺で活動的な遊びを楽しみ、そしてそれぞれの部屋に入っていきます。また、部屋から出てきた子どもたちは、ピアッツァ（玄関）で他の子どもたちと出会い、異年齢間のコミュニケーションがとれるような遊びの工夫、例えば、壁を隔てた向こう側にいる友達と、太いホースを利用した電話（糸電話のようなもの）で会話を楽しみ、壁に掛けられたさまざまな衣装をまとって、ごっこ遊びに時間を費やしています。

幼稚園の玄関は子どもがもっとも行き来する場所。異年齢交流の場でもあり、玄関は幼稚園のピアッツアです。
（注：写真は筆者が受講したテキストより抜粋）

ピアッツアで子どもの行動を外に広げ、コミュニケーションが自由にとれるように工夫することは、幼稚園や学校の空間は社会生活と同じ環境だという考え方からきています。日本の一般的な幼稚園の建築構造は、学校のように廊下があり、その廊下に沿うようにして、箱型の保育室が並んでいますが、これは子どもたちを部屋の中に閉じ込めて管理しやすいだけでなく、子どもを社会生活から分離する考え方ともいえます。

――保育室の壁が親や子どもたちに語りかける

幼稚園の玄関先に「子どもたちは居心地のよい空間で遊ぶ権利があり、間違いをやらかすチャンスが与えられるべきだ」という言葉が掛けられています。そして、壁には子どもたちの顔写真と短い紹介、そ

レジオ・エミリア幼稚園・保育園

Reggio Emilia

してそれに囲まれるように保育者たちの顔写真が、じつに美しいレイアウトで並んでいます。

レジオ教育の中でも特筆すべきアイデアは壁の利用といえます。日本でも保育室の壁面装飾は力を入れていますが、レジオの壁は子どもたちに語りかけるメッセージなのです。子どもの作品が、壁面に美しい構成で展示され、子どもの仕事（＝製作）のプロセスや完成が逐次、写真によって説明されているために、子どもの次なる製作意欲を引き出します。しかも、作品展示や写真による説明だけでなく、テープレコーダーで録音した製作途中の子どもたちの会話までもが短い文章にして貼られていて、作品を彩るように添えられています。壁面を使った展示方法は、ドキュメンテーション（記録法）と呼ばれ、子どもの作品が仕上がるまでのプロセスや会話を親たちが見ることで、平素親たちが見逃している子どもの素顔や、隠された能力に気づいていくようです。

私と一緒に研修を受けたニューヨークのアフリカ系アメリカ人保育者は、自分たちの幼稚園や保育園に来る子どもの大半は、離婚家族や失業者の親に育てられており、同時に親たちの子どもへの関心の薄さが最大の悩みだったそうですが、レジオから学んだドキュメンテーション法に力を入れた結果、親たちが子どもに関心をもつだけでなく、「保育内容にも目を向けるようになった」と語ってくれました。

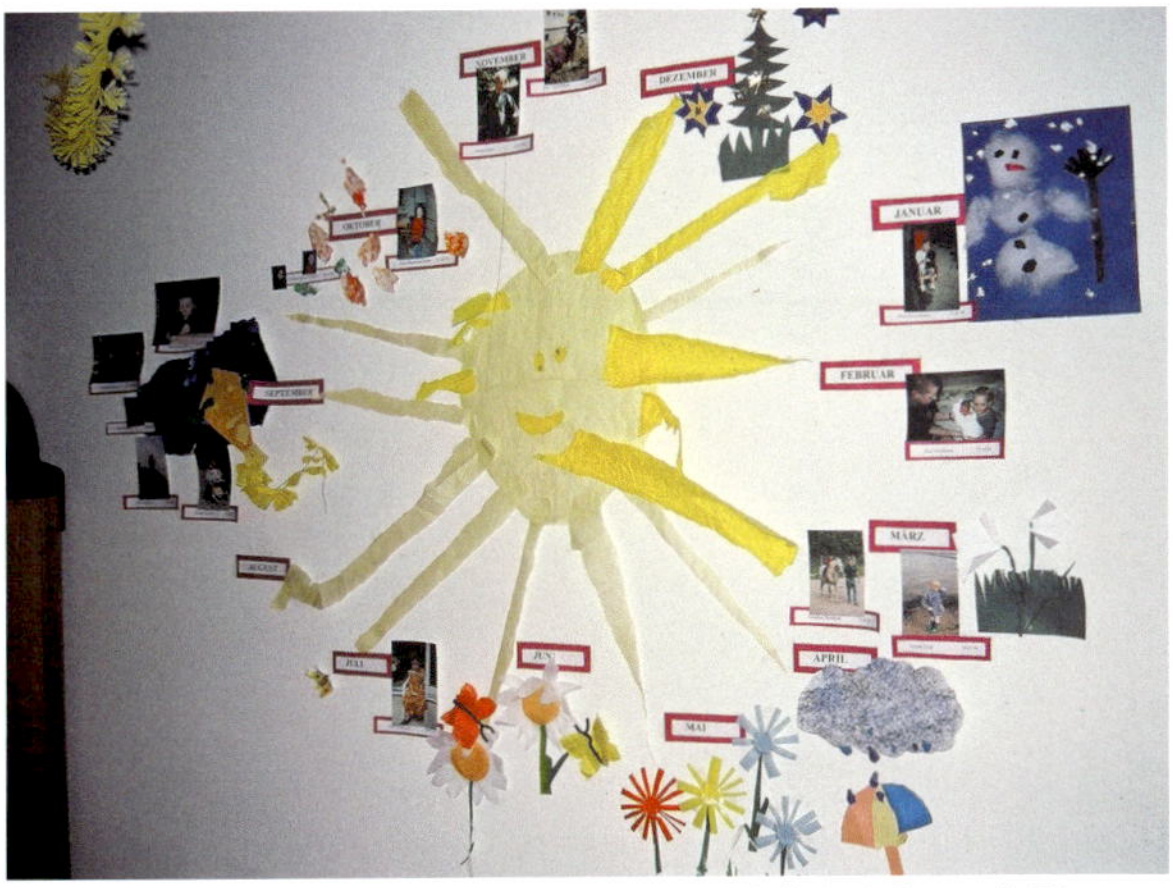

壁一面にシンボル的に描かれた太陽。四季の変化とともに１年間の保育活動がビジュアルに描かれています。

日本の保育現場でも崩壊家庭に近い子どもの問題や、特に、若い世代の親と保育者のコミュニケーションギャップに頭を痛める昨今だけに、ドキュメンテーション法は保育技術の1つとして考える時期にきているようです。

市内にあるレジオ乳児保育園の建物です。レジオの建物の大半は平屋建てで質素な雰囲気をもっています。

レジオ・エミリア幼稚園・保育園

Reggio Emilia

──保育環境による力

レジオの保育室は、私がこれまで訪問した多くの保育室の中でも際立って美しいといえます。保育室全体が調和のとれた美しさで、保育室のデザイン力に圧倒されます。単に美しいだけでなく、子どもが使う保育素材（例えば、海岸で集めた豊富な種類の小石と貝殻、各種ビーズ、粘土と砂、各種の絵の具）がたくさん用意されています。

保育室全体が美しいと感じさせられるもう1つの理由は、部屋の壁面に鏡がふんだんに使われていることです。鏡の前で遊び、製作し、給食を食べている子どもたちを見ると、「保育室にもっと鏡を」と、子どもの発達と鏡の関連性を再検討する必要を感じます。

レジオは保育室の中だけが保育とは考えなくて、しばしば外に出る（散歩ではありません）ことも保育と捉えています。雨が降ると色とりどりのレインコートを着て雨の中で遊びます。保育室に戻ってから雨の話に耳を傾け、雨の絵を描いています。環境すべてが保育の対象になっているのです。

古い町の建物も、レジオの子どもたちが描く作品に大きな影響を与えます。幼稚園から外に出る保育活動が活発に行われ、教会堂、市場、オペラハウスと、子どもたちには歴史的な建造物も保育素材です。

レジオ・エミリアのマーケットに800年前に建てられた教会堂があります。入り口にあるライオン像は子どもたちの作品にしばしば登場します。石造のライオンの上に登り抱きつくなど、遊びにも使われています。12月31日の深夜にライオンは歩き出すと子どもたちは信じているそうです。

レジオ・エミリアの銀行の玄関口です。歴史の重みを感じさせるイタリア的な建築デザインです。

北部イタリアは経済的、文化的に豊かな歴史があります。特に、第２次世界大戦では、労働者がドイツ占領に対するレジスタンス活動を活発に行い、当時の反戦活動と労働者の勝利を意味するモニュメントがレジオの町に作られています。

ボリス・ニキーチン積み木教育

Boris Nikitin

―― ニキーチン流子育て ――

Nikitin

ニキーチンさんとの出会い

私がボリス・パーブロヴィチ・ニキーチンさん（1916～1999、ロシア）の名前を知ったのは、1985年『ニキーチン夫妻と七人の子ども』（暮しの手帖社）が出版されたのがきっかけでした。その後に出版された『ニキーチンの知育遊び』（同）にも強い関心を抱いていました。ニキーチンさんの積み木遊びの取り組みにも興味はあったのです

ボリス・ニキーチン氏

が、それ以上に関心を抱いたのは、彼ら夫妻の子どもの育て方でした。現代の日本の現実では、同じように真似のできる「子育て」ではありませんが、素朴な子育て観は何となく納得させられる考え方でした。

不思議なご縁で、ソ連（当時）の経済使節団が日本に来るので、そのときに私が専門としている障害のある子どもたちの教育法やリハビリ器具等の話を彼らにしてほしいという依頼が届きました。東京のソ連大使館で使節団と30分という時間限定の会合の中、私の〝あなたがたの国にはボリス・パーブロヴィチ・ニキーチンという幼児教育者がいるか〟という問いかけから、話がトントン拍子に進み、モスクワに招待するからニキーチン教育法を日本に広く紹介できないか、ということになり、私がニキーチン家と親しくなるチャンスが訪れました。

1989年2月にモスクワ郊外のニキーチン家を訪問したときには、すでに7人の子どもたちは成人して別々の家計を営んでいましたが、長女と孫の娘2人と暮らしておられました。私の最大の目標はニキーチンさんと会うことでしたが、経済使節団との

ボリス・ニキーチン積み木教育

Nikitin

約束を果たすために、厳冬のモスクワ郊外（当時モスクワから300キロ以上離れる外国人には国内ビザが必要でした）の数箇所の町で温かい歓迎を受け、リハビリ関係の施設や工場を見学したことも、いま振り返ると私には貴重な体験でした。

はじめての訪問

ニキーチン家をはじめて訪問した2月は厳冬でした。モスクワ郊外の雪の積もった広々とした庭の中に、質素な木造立ての家がありました。庭の大きな白樺の木に、あの有名な看板が掛けられていました。

ニキーチンさんの名前が知られるにつれて、毎日のように訪問者が増えたため、突然の訪問客に対して、「今日、ニキーチン家を訪問していただき感謝しておりますが、毎日、たくさんの人々が来られるので十分な対応ができません。私たちの子育てや教育内容について関心のある方々は、どうか市内のニキーチン教育紹介センターに足を運んでください」といった看板を出さなければならないほど、多くの訪問者が個人の家に押しかけたのです。

私の滞在中、ニキーチンさんの講演会があり参加を勧められました。モスクワ市内の労働者会館は数百人の聴衆で満席となり、会場は熱気にあふれていました。私は通訳のGさんが筆記してくれるノートを見ながらの講演会でした。聴衆者の多くは母親たちで、質問内容から察するに、ニキーチン家の英才的教育方法に強い関心をもつ人たちでした。しかもニキーチン家の教育内容が具体的な日常生活に沿って映画化されていて、それを聴衆者が見るものですからいっそうの熱気でした。

ニキーチンさんは講演の中で、日本の早期教育に賛美を贈っていましたが、当時の日本の経済的な発展を、ソ連の人々は早期教育との関連で見ていたようです。

ニキーチンの子育て法のうわさを聞いて、多くの人たちがニキーチン家に押しかけてくるので、玄関にかけた「訪問お断り」と、その代わりに「ニキーチン教育紹介センターを訪ねてください」と書かれた看板。

自宅でのニキーチンさん（左）とレーナ夫人（右）。ニキーチン流子育ての立役者はレーナ夫人です。物静かで芯の強いロシア的な母性を感じさせられる女性です。

また、当時のソ連の社会状況では、国家的に統一された教育内容に不満をもつ多くの人たちが、個人の能力や才能を生かす活路を、ニキーチン家の教育に夢を託しているような気がしました。庶民の生活の苦しさはいくつも目にしましたが、モスクワでの私の世話係だった役所の青年A君は〝ホテルで英語の新聞をもらってくれないか〃と真剣な表情でした。個々が自由に学びたいという風潮が、いたるところに感じられました。

このようなソ連の社会世相の中で、ニキーチン家への教育に強い関心と、子どもの個としての能力開発の1つとして、親たちはひかれていたようです。

レーナ夫人の苦労

『ニキーチン夫妻と七人の子ども』はモスクワでも有名ですが、その子どもたちを育てたレーナ夫人の存在は大きいと思います。講演会や著作物ではニキーチンさんが主役ですが、子どもたちの育ちの話となると、レーナ夫人の話にはいろいろと教えられます。「この30年間、私たちは子どもをもった若い家族が見舞われる厳しい試練をくぐってきました。我が家が子どもの健康と教育問題にぶつかったのは一度や二度のことではなく、なんと7回連続でしたから」と彼女が語るように、ニキーチン夫妻の独特な子育ては彼らの試練の中から生まれたものでした。物静かな夫人の言葉を聞くと、子育ては苦労の中から育てる意味（苦労や楽しみ）を掘り出す仕事だと感じさせられました。生んで当たり前、育って当然

真冬、モスクワ郊外の自宅の庭で裸の子どもを鍛錬する若き日のニキーチンさん。この写真がモスクワ中で評判となり、ニキーチン家の子育てがマスコミに登場しはじめます。

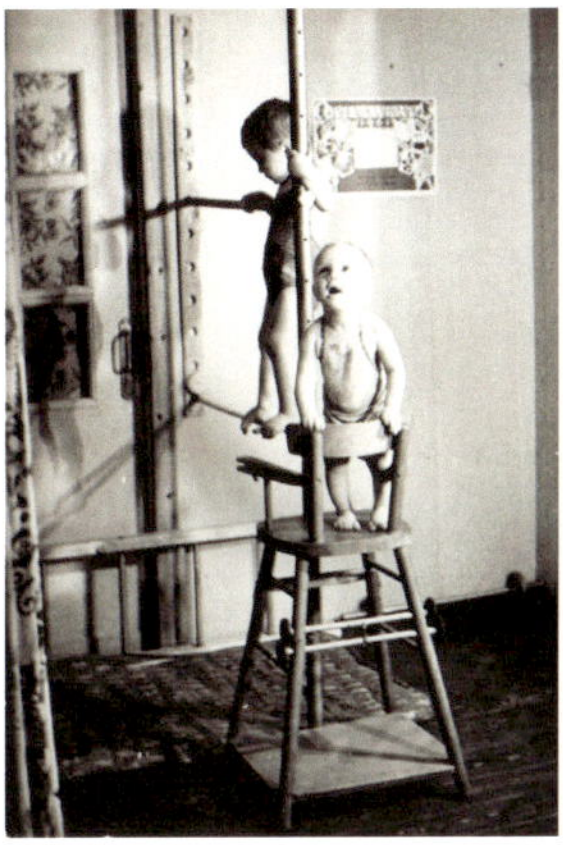

スクリッパリョさん考案の体操用具で遊ぶニキーチン家の子どもたち。

年中、冷水の行水をするニキーチン家の子どもたち。

著書に掲載されたニキーチン家の鍛錬法の光景。我が子の運動能力をマスコミに公開しました。

の当世風の感覚に対して考えさせられる言葉です。
「子どもたちは、ほんとうにひどい滲出性のアトピー症でした」と言う彼女はモスクワ中の病院廻りの苦労をしますが、生後数時間内に母乳を飲ますとよいという話を聞いた彼女は、病院に授乳を頼みます。「未熟な乳のしずくに、なんてすごい魔法の力が宿っているんだろう。これは一滴たりとも無駄にはできないわ。おまけに子どもの健康には無害なんだから！」と彼女の母乳による子育てが始まります。

彼女は7人の子どもをすべて母乳で育てますが、母乳の出にくい若い母親たちに向かって「母乳の出が少ないと思ったら、赤ちゃんを抱いてソファーにゆったりと座り、両足を温かいお湯につけて、ハチミツの入った熱いお茶を飲んでごらんなさい」と言います。科学的な根拠はないのですが、彼女の国では昔から伝わる方法だそうです。

ニキーチンとスクリッパリョさん

ニキーチンさんの子育ての中で運動遊びは大きな比重を占めています。

ロシアの風土を考えると、1年の中で外遊びができる期間は非常に限られています。雪の中で遊ぶことはニキーチン家の子どもたちの日課でしたが、真冬の零下数十度の中、モスクワの街を歩いていると、全身を暖かい衣類に包まれ、かわいい顔だけを出して乳母車で散歩している母子の姿を見かけます。

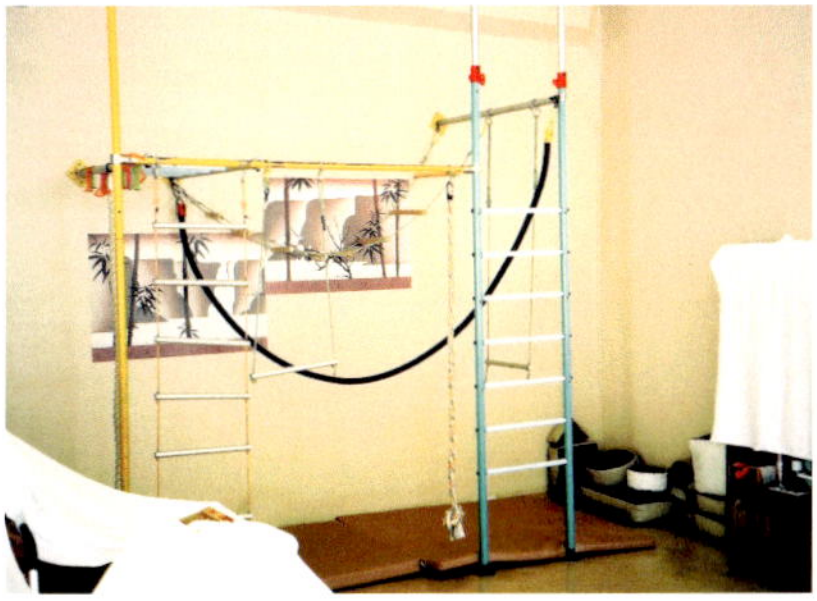
モスクワ市内、スクリッパリョさんのアパートの１室に作られた体操器具。

外遊びの時間が限られたロシアでは、当然、家の中で運動をする時間も増えます。ニキーチンさんは家の中で遊ぶ空間を「家庭体育館」といいますが、必ずしも、広い空間が個人の家の中にあるのではなくて、ごく狭い家庭の片隅に、さまざまな運動ができる器具が用意されています。最初はニキーチンさんが自分の子どもの運動器具として、２つの輪がついた吊り下げロープを用意し、その構想を、ニキーチンさんの友人のスクリッパリョさんが家庭用運動器具として完成させました。そして「街の中の１ＤＫアパート、３・５平米の部屋の中に、11もの体操用具を備える家庭体育館」を作ったのです。私もモスクワ市内にあるスクリッパリョさんのアパートを訪問しましたが、モスクワの庶民一般の家は正直〝狭い〟と思いましたが、この狭い生活空間の中で、子どもに活発な運動をさせるために考案されたのが家庭体育館でした。スクリッパリョさんの長男の勉強部屋は家の中にはそれだけのスペースがないので、ベランダにビニール張りの小屋を作り、電気の明かりで暖をとって勉強をしていました。

ボリス・ニキーチン積み木教育

Nikitin

◆ニキーチンさん語録から——ニキーチン積み木教育

教育的な道具として積み木はもっともよく知られたおもちゃであり教具です。そして、積み木遊びの価値は、積み木を使って外界の建物を再現することで世の中の知識を理解し、また、自己の体験や想像したものを、形あるものに再現する能力が高く評価されています。世の中にあるものを積み木で作り上げることで、周りの環境を互いに関連づけ、子どもの適応能力も高くなります。例えば、仲間遊びに適応できない子どもの積み木遊びは、互いに協力しあって作り上げる遊びよりも、孤独な閉じられた遊びで、同じ建物を何度も作る傾向にあり、その構築物を使って遊ぶことより、壊すことに楽しみを感じるようです。積み木遊びは、平素は表に現れない内面的な心が表現されやすいおもちゃといえます。

健康的な発達を示す子どもは、積み木を高く上に積み上げていく遊びに夢中になりますが、積み木を積み上げる行為の中に、子どもは自分の成長と同じように、積み木を「成長」させているという考え方もあります。積み上げることは人生の「成功」であり、それを崩すことは「失敗」であり、積み木遊びを通して人生を体験することで、将来の精神的な外傷を和らげる等ともいわれています。いずれにしろ、健康な子どもにとって冒険的な、時には危険な精神的体験は必要です。

積み木遊びにはある程度の自由に遊べる空間が必要ですが、物理的な条件以上に、積み木を与える親や保育者の態度も大きく影響します。親（保育者）が積み木遊びをするように指示し、遊んだ後は必ず片付けることを強制する場合と、子どもが望むときにいつでも遊ぶことができて、片付けも無理強いしない場合とでは、積み木遊びの継続性に違いがでるようです。

近所に住む子どもたちがニキーチンさん宅で作った積み木の模様と、テキストが合っているか調べています。

ニキーチン家には、ニキーチン積み木教室として毎日子どもたちが積み木遊びに来ます。

モスクワ郊外のニキーチン家は自然に囲まれた大きな庭があり、近所の子どもたちの自由な遊び場になっています。庭の大きな木には冒険小屋があります。

ボリス・ニキーチン積み木教育

Nikitin

積み木遊びが、子どもの心理的な癒しに役立つ方法があります。

例えば、内面的で引きこもりがちな子どもには、遊びを発展させる素材――ミニカー、人形、木箱、小さな動物――がある場所の近くに積み木を置くことで、子どもは積み木をベッドに見立てたり、小さな積み木を赤ちゃん（人形）に与える哺乳ビンや食物に使っている姿が見られます。心理的に問題を抱えている子どもの場合、積み木を構築し組み立てる創造的なエネルギーと、子どもの内面を反映させてくれる小物（ミニカー、人形、ビーズ等）を組み合わせることで、自己を表現できます。仮に、グループで積み木遊びをしているときに、そのグループのエネルギーについていくことが困難なときや、保育者との信頼関係をとりにくいとき、子どもは積み木で壁を作り、その内側で人形と遊ぶことで、仲間や保育者から自分を守ることもできます。子どもたちの手で組み立てられる構築物の多くは、高層ビル、大きな橋、高速道路を再現していますが、これは単なる現実の模倣ではなくて、子どもが成長するにつれて拡大する、子どもの精神的な成熟を抑えようとする、大人社会からの逃避とも考えられています。

男の子の場合は、飛行機、自動車、宇宙ロケットを運転したい憧れと、それが許されないジレンマとの葛藤を調整するのが積み木です。女の子場合は、家庭の台所、寝室、化粧台を模倣することで、母親への憧れと同時に、母親と同じことをするのを家庭では許されていない葛藤とのバランスをとっているようです。保育室のごっこコーナーで、積み木や小物を利用した化粧台で夢中になってお化粧をしている光景は母親の姿そのものです。

ニキーチンさんとの別れ

3回目に訪問したのは、1994年7月のことで、ニキーチンさんはレーナ夫人の手を借りて歩くのがやっとでした。元気な時代のニキーチンさんを知っていただけに、身体的に弱られた姿には驚きました。

しかし、長男のアントンさんがニキーチンさんの仕事を引き継いでくれると、モスクワ市内のレストランでうれしそうに話されました。また、当時の「ピョートルアカデミー学術会員」に推薦されたことも、機械の技工士として生活をしてきたニキーチンさんにすれば、名実ともに幼児教育学者として世に認められたのですから、大きなジェスチャーを交えて喜んでおられました。夫人のレーナさんが若い頃のニキーチンさんの思い出を語ってくれたのですが、ニキーチンさんは何かを思い立ったら「まるでウサギが飛び跳ねるように飛んでいってしまう」タイプだったそうです。話の端々にレーナ夫人の内助の功が感じられ、多分ニキーチンさんもそのことを十分に承知して何度も高笑いをされました。これがニキーチンさんと私の最後の別れとなりました。

ピラミッドメソッド幼稚園・保育園

Pyramid Method

Pyramid Method

―― 子どもは自分で遊ぶことで課題をこなす ――

毒された幼児期

2006年3月、オランダのアーネムにて世界幼児教育大会が行われ、世界20ヵ国から幼児教育の専門家が集まりました。私も分科会の発表者としての役割を担ったのですが、西欧先進諸国が抱える問題と日本の現状があまりにも似ていることに驚きました。

私が日本で騒がれている「子ども事件」や、学校で起こっている「学級崩壊」的な問題の報告を終えるや否や、イギリスの教師が私に駆け寄り、彼女たちが頭を痛めている現実を話してくれました。彼女の話す中東や東欧から流入してくる移民家族とのコミュニケーションの問題もそうでしたが、それ以上に気になったのは「子どもたちはすでに汚染されている」という話題でした。

ロンドンのマスコミも大きく取り上げたそうですが、教育コンサルタントのスー・パルマー女史が報告した「毒された幼児期」が世間の注目を引いているようです。内容は、ヨーロッパ諸国の子どもたちの生活実態調査をしたところ、子どもの生活を食べる、眠る、野外で遊ぶ、会話をする、テレビを見る、勉強する、そして家族のあり方等の分野に分けた報告内容が、大人たちが想像する以上に、子どもたちは文化的な影響に毒された生活をしているというものでした。

生活習慣病的な症状の子ども、深夜族の子ども、キレやすいゲーム族の子ども、携帯メール中毒の子ども、そして親の離婚の狭間を渡り歩く子どもと聞けば、日本の話を聞いているようです。横に座っていた数人のアメリカ人の保育者たちも口をそろえて言うには、アメリカ社会に見られる著しい所得格差や人種問題（特に、メキシコ系やスペイン系）が、子どもたちの教育を受けるチャンスを奪っているだけでなく、教育・保育の現場に多様な文化形態や生

ジェフ・フォン・カルク博士

ピラミッドメソッド幼稚園・保育園

Pyramid Method

活習慣を持ち込まれ混乱した状況にあるということです。これもまた、近い将来、労働人口が極端に減る日本社会にとって他人事ではありません。

このような今日の教育・保育現場が抱える課題に対しての解決策として、西欧先進諸国が取り組んだのは、従来型の幼児教育のスタイル（一斉保育や強い集団志向等）からの脱出でした。それは小さなグループに分かれた子どもたちが、各々の遊びのテーマ（保育課題）が用意された保育室で、子どもたち自身の選択と自立した遊びができる幼児教育法でした。

新しいスタイルの幼児教育の先駆者はオランダで、オランダ王国教育評価機構（現在は政府教育機構Ｃｉｔｏ《チト》）のジェフ・フォン・カルク博士（１９４２〜）が中心となり、ピラミッドメソッドと呼ばれる保育形態と保育カリキュラムが１９９５年に開発されました。

１９９６年から１９９９年、オランダ文部科学省の依頼でアムステルダム大学とグローニンゲン大学が幼児教育現場でのピラミッドメソッドの実践を検証しました。そして遊びの環境が十分に用意された保育室では、子どもの言語能力とソーシャルスキル

（社会適応性）の高さが実証され、オランダ政府は現代の子どもの生活実態に即した幼児教育法として主導的に全国展開を行うことになりました。

保育室の中での絆（愛着）という考え方

保育技術は近年ますます重要になってきました。

子どもの不安感を取り除くために保育者はしっかりと子どもを抱き、寄り添って優しく話しかけます。しばらくすると子どもは納得して保育者の元を離れていきます。

子どもが家から幼稚園・保育園に登園してきたときには環境の変化にストレスを感じないように安心感を与えてあげたり、保育者に自分の近くにいてほしいと望む心理的要求を満たしてあげたりと、幼児教育の現場において子どもと保育者の結びつきは非常に重要なものです。「保育者はいつも近くにいてくれる」と子どもが感じることは大事です。この感情がしっかりしていれば、子どもは保育室に安心感をもち、自分で遊びはじめる勇気を得ます。

保育者は子どもに安心感を与えると同時に、はっきりとした遊び方や遊びに規制《ルール》を教える必要があります。してもいいことと、してはいけないことを明確に示す保育技術が必要です。規制は必ずしも子どもを縛るものではなく、どこで何をどのようにして遊ぶのか示す約束事でもあるのです。秩序と規制が与えられた保育室では子どもは安心して遊びの探索を始めます。保育者の仕事は子どもからの信号を受け止め、それに答を与えてあげることです。特に、感情表現に関わる支援は保育者の押し付けではなくて、子どもの自主性を重んじるべきです。

従来から言われているように、親子間の愛着形成は大切ですが、子どもが大人と愛着を築くもう１つの場として、保育室が重要な意味をもっています。保育環境の中で子どもの自主性を尊重し、明確な規制と工夫された遊びを与えると、子どもは両親から学ぶ以上のものを手にできます。昨今は幼児虐待増加の実態に見られるように、母子関係の絆が非常に不安定で、母子間だけの絆に依存する考え方では、子どもの健全な成長は保障されにくくなっています。保育室の中で形成される愛着（絆）理論の研究は、いまようやく始まったばかりですが、ピラミッドメソッドの幼児教育スタイルは、この理論に応えようとする新しい幼児教育法です。

Pyramid Method

「離れること」と「寄り添うこと」理論を背景にした知的理解力リキュラム

ピラミッドメソッドでは「離れること」（Distance）と「寄り添うこと」（Nearness）という2つの考え方を、重要な概念としてしばしば保育実践に応用します。

机とおもちゃ棚、そしてホワイトボードを使ってコーナーが区分けされています。パズル遊びがうまく完成しない子どもに、保育者が寄り添って指導しています（Nearness＝寄り添うこと）。

「離れること」とは目の前の事物以外のことがらに焦点をあてさせることで、子どもに抽象的概念を身につけさせ、表現能力を伸ばす保育技術です。心理学者の研究によれば、親が子どもに現実的なことだけを教える場合よりも、ある距離感のある考え方（抽象性）で子どもに接するときのほうが、子ども

子どもたちだけで自主的な遊びがうまくいっているグループには保育者は入っていきません。遊びがうまく展開されているか等、つねに保育者は子どもたちを見てまわります（Distance＝離れること）。

の発達によい影響を与えるといいます。

この「離れること」という考え方を、子どもに「寄り添うこと」というもう1つの理論が支えています。

「寄り添うこと」とは身体的な結びつきから心理的な安定感を子どもに与えることで、抽象的概念を学ぶための基点をつくる保育技術です。

つまりピラミッドメソッドでは、保育者の子どもへの働きかけ方、支援の方法に技術が必要だと捉えているのです。保育者の働きかけは保育活動の基本です。保育者の役割は子どもが自分の力で自立して遊べるように支援することです。保育者は子どもが最適な保育条件で遊び、より発達を遂げていくために、集団遊びであれ、一人遊びであっても支援は欠かせません。保育者は子どもが遊びやすいように準備し、具体的な見本を見せ、子どもが問題解決に到着するまで導いていくのが仕事です。

先述のように、子どもが安心して遊びを探索できる保育環境は必要です。しかし保育者がいつも子どものそばにいる必要はありません。むしろ、意図的に少し離れて子どもたちだけで遊ばせる場合もあります。保育者がそばにいること（寄り添うこと）で、子どもは遊び方や遊ぶ目的もはっきりと知りますが、同時に、保育者は子どもから離れた場所から子どもが自分で遊べるようにも指導するべきです（離れること）。というのは、子どもと距離感のある関係をつくることは、現実を超えた抽象的なものの考え方に導くことができるのです。

◆ピラミッドメソッド幼稚園の子どもたち
――保育空間がデザインされた保育室

ピラミッドメソッドでは、保育室のデザインに力が入れられ、保育室のコーナーと場所のデザインだけでなく、保育室全体としてのデザインにも配慮が払われています。

空間は適切に区切られ、子どもがコーナーや机で遊び、作業する十分な空間が用意されています。保育者が保育室全体を見渡して監督できることと同時に、空間に囲まれた居心地のよい雰囲気も必要です。これらの必要を満たすパーテーションとして、ネットカーテンやつい立てでコーナーを区切ることで、子どもは見られているという意識が薄れます。遊び

保育室は小さなグループに分けら、それぞれに遊びのテーマが準備されています。机で遊ぶ子ども、床にカーペットを敷いて遊んでいる子どもに分かれています。

にもっと広い空間が必要なら、ネットカーテンは簡単に脇にまとめることもできます。

保育室内の通路（動線）を単純な構造にしておくことは大切です。各コーナーでの音にも考慮することが大切で、子どもが静かに本を読む言葉のコーナーは、騒がしい積み木コーナーの隣にしない等の配慮がされています。

——家庭のような安心感のある保育室

保育室をデザインするとき、その部屋のかもし出す雰囲気がもっとも大切な要素だと考えられています。

保育室の飾りつけの色や素材を調和させて、すっきりと秩序だった居心地のよい環境にすることで、その環境が子どもだけでなく保育者にとっても大切であることを子どもに示します。

コーナーの飾りもこれを助けます。ネットカーテンや風よけとしての布リボン、あるいはコーナーの「屋根」、きれいなポスターや壁飾りを掛ければ、コーナーが家にいるようなくつろいだ雰囲気になります。

子どもの手作りの作品を展示することは、雰囲気

お買い物や台所ごっこ遊びができる小さなコーナー。家庭のリビングのような雰囲気を演出しています。

をよくすることができると同時に、保育者が子どもの作品をよい物だと思っていることを、子どもにはっきりと分からせることができます。

保育室のデザイン、素材、品質について、子どもに身体的にも心理的にも安心感をもたせる必要があります。保育者が保育室のデザインに十分な注意を払えば、子どもは安心し、素材にもより愛着を示します。

また、子どもには、静かに遊んで自分を表現する1人だけの場所も大切です。そこでは子どもは欲求を満たすことができるとともに、リラックスした自己表現ができるからです。

――毎日の習慣と規則を目で見て分かるようにデザインされている

ピラミッドメソッドの特色の1つは、毎日、幼稚園・保育園で行われる生活習慣や規則をうまくデザインで表していることです。

空間を秩序立てることや、視覚化することを通して、さまざまな習慣や規則はより具体的に子どもたちに伝わります。1日の経過は、その大部分が習慣と規則で成り立っています。保育室での習慣をパターン設定（決まった形式）することで、パターンが子どもに秩序と習慣化することを教え、これによって子どもは次に何をするのかを理解します。

規則も大切な役割を果たします。規則は安心を与えて問題行動を防止できます。しかし、年少の子どもは規則をそれほどきちんと覚えられるわけではありませんし、他の子どももあっという間に忘れてしまうことがよくあります。これは、習慣や規則をできるだけ多く視覚化することによって解決できるのです。

――秩序立てられたコーナー設定に力を注ぐ

保育室のすべての素材が秩序立った場所にあれば、子どもは素材をどこで見つけてどこに戻すべきか、論理的に分かります。

デザインに最大限の秩序をもたせるには、保育室での設定が具体的であることが大切です。空間はうまく区切らなければなりません。コーナーが混雑し

コーナー分けされた保育室。机、つい立て、本棚を利用して、目で見てコーナーの違いが分かるように設定されています。真ん中は全員が集まる場所として確保されていますが、子どもたちはカーペットを持ってきてその場所で遊びます。遊びが終われば、再びカーペットを元の場所に戻します。

すぎたり不適切な場所にあったりすると、混乱して機能を果たしません。子どもがゆったりとした空間のなかで、戸棚やコーナーに行き、楽に遊ぶことができるように配慮します。

例えば、絵の具や筆など芸術のコーナーで使用する素材を保管する棚の場所は、近くに絵画等の作業机を置くことはもちろん、水場の付近に配置すると、子どもは遊びの準備から片付けまでスムーズに継続させることができます。

また、子どもが遊べる場所をできるだけはっきりさせるために、戸棚、スクリーン、カーペット、カーテン、床に張る色テープなどの区切りを使用します。目に見える物で分けると区分が明確になって、子どもに不安を与えず、秩序を保つための子どもへの指示が少なくなります。

――保育室の中で「私」を強調

欧米の保育室を取材するたびに気がつくことは、

グループで遊んでいる子どもたちの近くに、仲間から離れて1人で遊んでいる子どもを見かけることです。1人で遊べる空間が用意されているために、子どもは安心してその場で遊び続けられるし、他の仲間もその子どもを気にする様子はありません。日本のようにクラス一斉の保育では、子どもたちに集団疲れのようなものが出てきて、十分に遊べない子どももいます。欧米のような小集団に分かれての保育においてでも、一人遊びの場は確保されているのです。

もしもこれが日本の保育室ならば、仲間から離れて遊んでいる子どもは、自分の遊びに飽きてくると集団遊びを邪魔するかもしれませんし、また保育者から〝○○ちゃんを呼んできて〟と子どもを集団に引き入れるにちがいありません。集団の中で暮らす時間が長くなればなるほど、自分だけの空間を用意してあげる配慮は必要だと思います。

ピラミッドメソッドでは、自分だけの場という意味は保育空間だけではなく、子どもの顔写真やその子ども独自のマークを貼った「自分の椅子」を与えてあげること、家から持ってきた私物を入れる小さなロッカー、家にもって帰る作品を収納できる棚や

1人で本を読む、1人でパズル遊びするなどの小さな空間が、保育室のコーナーに設けられています。

1人で遊べる空間。年長のシェルビーは、来年から小学校部で読み書きが始まります。彼女はセーターの柄のデザインを描いています。また文字を書く前の段階の「マル」や「リボン」等の記号やさまざまな線を書く練習をします。

フックも、子どもにとっての「私の場所」と考えます。

保育室の入り口に、子どもの顔写真やマークと子どもの名前を書いたパネルを貼りますが、子どもの顔写真を裏返しにできるようにすると、休んでいる子どもの顔は表になったままですから、今日は誰が休んでいるのかが分かるし、子どもたちの気持ちの中に〝○○ちゃんは熱があるのかな?〟と、今この場にいない子どものことを思いやる気持ちにつながります。

絵本コーナーの片隅には、1人で絵本を広げたり、パズル遊びもできる机が配置されています。1人で絵本を開きたいときや、他の子どもに邪魔されることなくパズル遊びをしたいときには、このような自分だけの場があることで遊びに集中できるのです。

カルク博士インタビュー

辻井：子どもが落ち着いて遊べるために保育者は何をすべきですか？

カルク：何よりも保育室に安心感を与える設定が必要です。そのためには、見えるように保育室が設定されている、家庭のような雰囲気がある、遊びが準備されている、そして子どもを全体として扱うのではなくて、個々との信頼関係を結べるように小さなグループに分けられた保育室にすべきです。

辻井：保育室の中での絆（愛着）ということを述べられていますが？

カルク：日本は伝統的に親子関係の密着度が強い国と聞いていますが、ヨーロッパは愛着よりも自立を主張してきました。しかし、近年、子どもたちの示すさまざまな発達上の問題を観察して、強い愛着に結ばれた信頼関係が必要だと分かってきました。そのために、従来の個体間（親子）の愛着関係だけでなく、保育室の中での保育者と子ども、子どもと子どもの愛着関係の研究をいま始めたばかりです。

カルク博士（左）の自宅でインタビューをする筆者

辻井：具体的にはどのように関わればいいのですか？

カルク：保育者の支援の仕方が重要です。何をしていいのか困っている子どもには、寄り添って具体的に関わる、少しだけ支援を求める子どもには、あまり指導的な態度はとらない、自分でできる子どもには、離れた場所からうなずいたり視線で合図をしたりして距離感をもって支援してあげるべきです。

辻井：遊び、特にごっこ遊びの重要性を主張されていますが？

カルク：子どもは自然に遊ぶものですが、子どもの好き勝手放題では遊びが構造化(関わりのある遊び)されることなく、遊びに継続性がなくなります。それゆえ保育者の支援が必要なのですが、それ以上に大切なのは遊びの「意識化」だと思います。子ども自身が自分のしていることに気づくこと、すなわち、いま遊んでいることを褒められる、完成する、仲間と関わっている、そして自主的に遊んでいることが楽しいと感じることです。この「意識化」を経て、子どもは遊びに想像力をもち、現実の自分を超えるのです。そのためにも、ごっこ遊びは非常に重要です。

辻井：プロジェクトというカリキュラムを提唱しておられますが、どのような内容ですか？

カルク：遊びに関連したカリキュラムです。保育・教育の中心は子どもの自主的な遊びですが、だからと言って子どものやりたい放題にさせることは危険です。子どものあいまいな知識では、独りよがりの遊びに走り、遊びを構造化するための他者との関係が薄いもので終わってしまいます。

プロジェクトはそのために保育者が1日の中で、ある限定された時間内に意図的に組み立てられたカリキュラムを用意し、子どもの知的理解を高めていくためのものです。

辻井：集団適応の難しい子どもが増えているように思いますが？

カルク：ヨーロッパの幼児教育者にもこの悩みは深刻です。経済的に発展したアメリカやヨーロッパ諸国、それに日本や韓国の子どもたちは、現代文明に汚染されている事実を我々は素直に認め、その対策を一刻も早く手を打つべきだと思います。しかし汚染度が多様で複合的なために、教育や保育現場はお手上げ状態です。汚染は幼児期だけでなく若者層にも広がっています。

辻井：どのような対応策を望まれますか？

カルク：一時的な処方箋は描けますが、時間の経過とともに経済発展途上国が同じような問題を抱えはじめていることに注目しなければなりません。つまりヨーロッパにおいては東欧諸国、アジアでは中国です。

私が所属するＣｉｔｏ《チト》は今年、世界で初めての幼児教育の現状を討議する機会を設け、幼児教育を学者だけの会議ではなくて、現場の教師や調査機関関係者の参加も求めて知恵を出し合いました。教育、保育、心理、経済的視野、そして経済的発展途上国問題を多岐にわたって話し合ったことは前進だと思っています。

辻井：第１回国際幼児教育大会のことですね？

カルク：そうです。あなたもそこで発表されたから私と同様な感想をもったかもしれませんね。私は今からこの世界大会における評価作業を行い、報告書として発表する予定です。

私の個人的な意見ですが、世界の動きが、ますます政治・経済の強者と弱者の構図に分けられていく現在、強者に富も教育も偏るのではなくて、分け合うという発想が必要だと思います。そのために必要なのは、人生の生き方に多様な価値と関係性を学べる幼児期からの教育の開発だと考えています。

2.

幼稚園・保育園はどのように変化してきたのか

幼稚園（キンダーガーデン）の始まり

子どもたちが集団で保育室や教室で学ぶ姿は、今日では何ら不思議な光景ではありませんが、いったいこのような保育方法は、いつから、どうして始められたのでしょうか。自然発生的に子どもが遊びの集団となったり、親が野良仕事に出て行く時に近所の子どもたちが集団で子守りをされた光景は想像できますが、保護や教育を目的として子どもを集めたのは、ドイツのブランケンブルク（旧東ドイツ）でフレーベルが始めたキンダーガーデン（１８３９年）がはじまりです。

子どもに関する歴史的な記述を読む限り、子どもに関心が向けられたのは、19世紀になってからです。それ以前の子どもたちの生活は、家族を養うための労働だけで１日を終えていた当時の庶民階級の親にとって、現代のように子どもへの関心（養育）を持つ余裕はなかったようです。それどころか、子どもの養育に必要な母親さえも、家計を維持するための労働力として奪われていたために、子ども自身の生存すら危険でした。「１人の子どもを育てるには2人の子どもが必要だ」ともいわれ、当時の子どもたちの死亡率の高さが想像できます。

1840年頃になると、豊かな貴族層には子ども部屋がありました。子どもはおもちゃを豊富に与えられ、世話をする乳母からも大事に育てられていました。しかし、このような生活環境で暮らせる子どもはごく一部でした。

母性愛は、当時のキリスト教とヒューマニズム思想の中から生まれた考え方です。左図は女性、特に、母親が子どもの世話をする大切さを世の女性たちに啓蒙した絵です（1854年頃）。

1770年、アルザス（フランスとドイツの国境地域）で1人の牧師が、世界で最初の子どもを保護する施設を作ったといわれています。その後、フレーベルが子どもの庭（キンダーガーデン）と呼ばれる施設を作るまでは、子どもの保護施設を作る動きはなかったようですが、ようやく裕福な貴族層から、子どもの教育に専念することが母親としての役割だという考え方が出てきました。子どもを保護しなければという「子ども期の発見」と、その子どもを世話するのは母親であるという「母性愛」意識の啓蒙思想は、豊かな生活を謳歌していた貴族層から生まれた考え方だったのです。

「母性愛」は女性特有の本能的な能力なのでしょうか。文字や絵画に残されている、近世の子育ての歴史を検証してみると、当時の女性たちの多くは、愛情をもって我が子を育てたのではなくて、産まれた子どもの多くを捨て子に近い状態で、乳母に育てさせたと記録されています。

1845年頃のイラストです。１つの部屋が、父親の仕事場、居間、寝室、台所であり、そこに６人の子どもがいる、雑然とした典型的な庶民の生活空間の光景です。１つの空間であらゆることをする集団的生活感覚では、個人意識の目覚めは未熟でした。

19世紀末頃のキリスト教修道女の世話を受ける幼児たち。この便器付きの椅子に座って食事を与えられていた絵から想像すると、当時の子どもは保育室での自由な活動や遊びは許されておらず、椅子にじっと座っている訓練的な時間が長かったと推測されます。

「１７８０年、パリ警察庁長官ルノワールはしぶしぶ次のような事実を認めている。毎年、パリで生まれる2万1千人の子どものうち、母親の手で育てられるのはたかだか2千人にすぎない。ほかの千人は——特権階級であるが——住み込みの乳母に育てられる。その他の子どもの多くは、母親の乳房を離れ、多かれ少なかれ、遠く離れた雇われ乳母のもとに里子に出されるのである」（『母性という神話』より引用）。

貧しい生活層の母親たちは、裕福な家庭の子どもの乳母として、または里子の親として生計を立てるがために、腹を痛めた我が子を簡単に捨てることが珍しくはなかったようです。近代以前の親たちにとって、子どもは〝かわいい〟という意識よりも、〝手がかかる、うるさい、夫婦関係に亀裂を入れる〟じゃまな存在として考えられていたために、母親の子どもへの関心度は、現代のような養育思想からはほど遠いものでした。

それが19世紀以降になると、多くの書物が子どもに対する「母性」と「愛情」の必要性を説きはじめ、女性たちに子どもは自分

男子の保育と女子の保育にはどのような違いがあったのでしょうか。１つの部屋を２つに分けて男女別々の保育が行われ、子どもたちは整然と学校教室のように長椅子に座っています（1914年頃）。

長机と長椅子が保育室の中心的なスタイルだった理由は、子どもを自由に歩き回らせないため。じっと椅子に座り、作品づくりをすることが大切な教育目標だったようです（1914年頃）。

で育てるように、自分の母乳を与えるように勧めています。

このような社会的な考え方に大きな変化が起こった理由に、キリスト教的ヒューマニズム思想の影響も見逃せませんが、それ以上に当時の領主たちにとって、領土民の増加が領土の富と考えられ、〝産めよ、増やせよ〟が大きな関心事だったようです。しかし、里子に出され、雇い入れた乳母に世話された赤ちゃんは、母親に育てられる子どもに比べて死亡率が異常に高い事実から、子どもを生き延びさせる施策として「母性愛」の思想が作り出されたといわれています。

しかし、現実の庶民の多くは仕事場、居間、台所、寝室が１つになった居住空間で暮らし、そこにはしばしば動物も飼育されていました。雑然とした生活空間がごく一般的だったようです。

1920年頃は、１日の保育は整列すること、行進すること、集団で行動すること等、保育者の指示に従う訓練が中心でした。強い集団主義指導の一斉教育が毎日繰り返されたと思われます。

聖書の暗記、賛美歌の練習、数・文字を覚える訓練が、１日の日課として繰り返し行われていたようです。学校風の長机に座って、ハイハイと一斉に手を上げさせ、競い合わせる教育手法が行われていました（1920年頃）。

一斉教育（保育）から個に視点を当てた近代的幼稚園・保育園の夜明け

フレーベルが唱えた、「子どもを過酷な労働から保護し、養育するべきだ」という考え方が次第に広まったことは確かですが、そのような考えは裕福な貴族層を中心に受け入れられていました。

一般庶民の子どもたちが預けられていた養育施設の生活状況は、フレーベルの考え方とはほど遠いものだったようです。88頁左図の絵に描かれているように、子どもたちは食事を与えられてはいますが、座っている椅子は便器付きです。想像できることは、子どもたちは保育室の中で、１日の大半を椅子に座らされて養育されていたようです。また、保育室もミニ学校のような風景で、長椅子と長机が並べられ、子どもたちは一斉《いっせい》に同質の遊びや作業をしていました。現代の欧米で

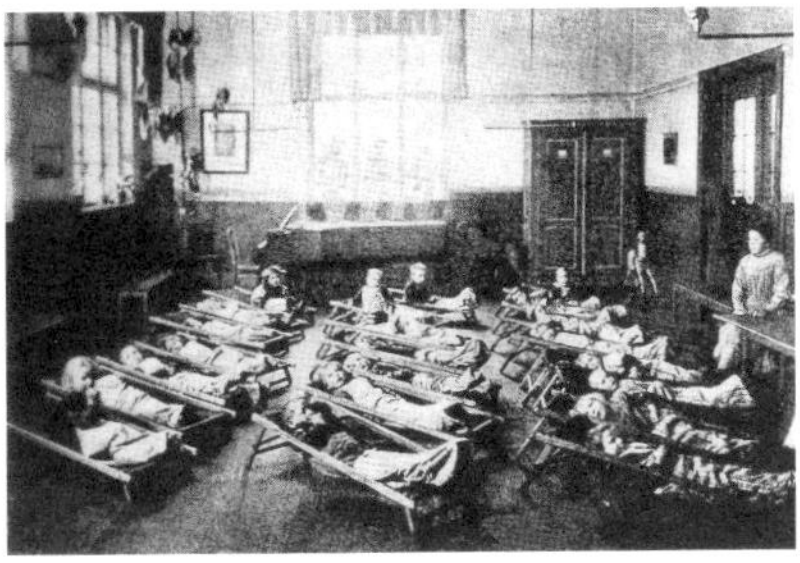

同時に寝て、同時に一斉に起きていたお昼寝の時間。低い折りたたみ式ベッドが保育室に用意され、お昼寝の時間になると、部屋を片付けてベッドを並べ、お昼寝が終わると再びベッドを片付けて、遊びの場所に変化させます（1920年頃）。

1920年代後半に入ると、長机と長椅子から解放され、１人ずつ座る椅子が与えられました。そしておもちゃの棚が保育室に導入され、子どもたちが自分の意思でおもちゃを取って遊ぶことができるようになりました。

みるような、家庭の雰囲気をもった保育室が遊びのコーナーに区切られ、子どもたち自身で遊びが選択できる保育室になるまでに、フレーベルから１００年の時間を必要としました。

ヨーロッパの保育室の歴史は保育思想の歴史であり、中世から近世へそして近代と時代の変化とともに、子ども観も変わってきたことがわかります。

そして近年、特にオランダでは先進諸国から注目されるような幼児教育の改革を行い、子どもたちの学力的な水準の高さも評価されています。幼稚園・保育園の歴史をふまえたうえで、次にオランダの幼稚園・保育園の現場を見ることから、日本の幼児教育の今日的な課題を模索したいと思います。

注：本章掲載の写真は、『絵で見るドイツ幼児教育の１５０年』Güenter Erning著より。日本版©ブラザー・ジョルダン社）

1920年代後半になってようやく、保育室に人形ごっこ遊びができる空間が作られました。子どもの成長には遊ぶことが重要で、子どもは遊びから学ぶという教育思想の芽生えです。

子どもの遊びにとっておもちゃの大切さが認識されはじめ、保育室に豊富なおもちゃが備えられ、おもちゃを使ったごっこ遊びコーナーも盛んになりました（1927年頃）。

1940年頃には、保育室の中に積み木で遊ぶ専用の空間が作られるようになりました。積み木遊びは子どもの学習、特に幾何学的なものの見方や、思考法に必要だということと、心理学的な観点から積み木の研究も盛んになりました。

1950年頃、ごっこ遊び、パズル、織物そして床での積み木遊びと、従来の机と椅子を中心にした教室風の雰囲気から、多様な遊びを展開する保育空間に変化してきました。

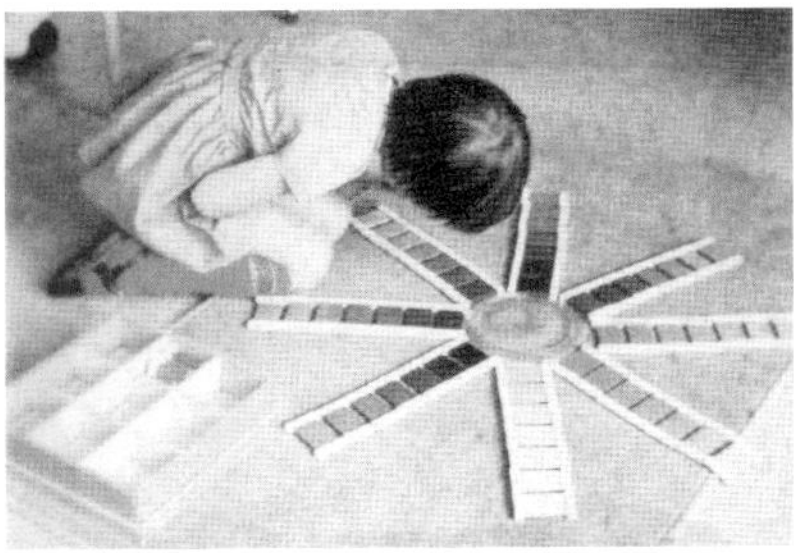

1980年頃には、モンテッソーリ幼児教育の教具が取り入れられ、これまでの机の上での遊びから、床にカーペット敷いて遊ぶといった床平面へと変わってきました。同時に集団訓練的な遊びから、一人遊びの大切さも認められはじめました。

子どもたちの目を社会活動に向けさせる試みとして、保育室の外に出かけ市場でショッピングする園外保育も盛んになりました（1985年頃）。

1980年頃、羊毛等の自然素材を使ったシュタイナー幼児教育の保育理念に関心が高まり、子どもの感情や心の育ちが保育の重要なテーマとなってきました。

３次元空間での子どもの動きに関心が払われ、平面的に見ていた保育室を立体的な空間として作りなおした例。ここでは保護者の協力のもと、保育室の中に２階建ての部屋が作られました（1985年頃）。

3.

オランダの幼稚園・保育園の現場から

ユニークな人生体験のある先生たち

オランダ、アムステルダムの2月は肌を刺すような寒さに、レンガ鋪道は海からの強い風で粉雪があおられ、名物の美しい運河も汚いごみを吐き出すように、氷河状になって河面にあふれています。オランダの幼稚園・保育園の登園時間はまちまちです。母親と自転車に乗ってくる、父親の勤務途上に自動車でくる、アラブ風のスカーフを頭から巻いた母親に手を引かれてもやってきます。

保育室の玄関には、クラス全員の子どもたちの顔写真と名前が貼られたパネルが掛けられ、真ん中に担任の先生の似顔絵が貼られています。子どもの背丈の3倍もあるようなイングリット先生が腰をかがめて、子どもたち一人ひとりを抱きしめて朝のキッスに忙しく動いています。8時30分頃には全員が登園してきたようですが、日本的な一斉《いっせい》保育が始まらないのです。保育室の中で、子どもと一緒に遊んでいる母親、子どもの忘れ物をチェックして、何やら小言を言っている父親、先生と膝を交えて真剣な顔で相談をしているオランダ語理解が不十分な移民家族の母親等々、朝の保育室はにぎやかです。保育が始まるまでの30分間は親たちから子どもの情報

保育室を４つのコーナーに分け、その真ん中にサークル状に集まって先生の話を聞きます。保育の基点と呼ばれるサークルタイムが毎日行われています。保育室になじめない子どもは先生がひざに抱き上げて、話を続けます。

を得ることと、親と子どもの関わり方を知る大切な時間のようです。

イングリット先生が子どもたちを部屋の真ん中に集めて、輪になるように座らせますが、隣同士で騒ぐ、ふざけて立ち上がる、走り回る子どもの光景は、日本の幼稚園や保育園とそっくりです。が、彼女は大声で子どもたちを制止するわけでもなく、いらだった様子もなく、子どもたち一人ひとりに小さなボールを手渡します。ボールが自分の手に来るまでは大半は騒ぎ回っていますが、全員の両手に２つボールがゆきわたると、彼女の合図でわらべうたを歌いながら、子どものたちは右回りにボールをリズムに合わせて隣の子どもに手渡していきます。ボールが１周した頃に先生がストップを掛けると、ボールが１つの子ども、３つ持っている子ども、ボールのない子どもとさまざまです。彼女はにっこりと笑いながら、再び歌いはじめると子どもたちも順にボールを回していきます。数回ボールが全員の手から手へと回った頃に再びストップの合図が掛かると、一斉に子どもたちの手は止まります。それぞれの手の中にはぴったりと、２つのボールが握られているだけでなく、全員がシーンとして彼女の顔を興味ありげに見つめています。

ボールはサークルの真ん中に置かれたかごの中に回収されるのですが、１人の子どもが立ち上がってボールをかごの中に入れるのを、他の子どもたちは見つめていますが、かごにボールが入ると、他の1人が静かに立ち上がってボールを運びます。次の子どもも同じように、ボールがかごに入ったならば立ち上がって自分のボールを運びます。順番ではなくて子どもたちが先の子どもの行動を見て、適時に自分で判断してボールをかごに入れています。全員がかごの中にボールを入れ終わるまで子どもたちは静かに座っています。見事なクラスのまとめ方です。

イングリット先生が部屋の隅の椅子に座っていた大きな人形を抱きかかえて、子どもたちの前に座ると「きょうはニホンからのゲストです」と人形がしゃべり始めたのです。腹話術です。腹話術の人形が子どもたち一人ひとりの名前を呼んでいくと、子どもたちは恥ずかしそうな表情で、手で「ここにいるよ」と返事をします。彼女の腹話術の腕はプロ並で、学生時代に始めた人形劇から腕を磨き、今では、あちこちのカーニバルから声がかかると聞きました。

子どもたちが部屋に入るときに、自分の顔写真とマーク（例えば、自転車、消防車、動物名等）の付いた札を裏返していましたが、今日の休みの子どもは顔が表に出たままですから、子どもたちには誰が休んでいるのかが一目で分かる仕掛けになっています。朝の会話は自然とお休みの子どもたちへ気遣いです。

オランダの幼稚園の先生には、中にはびっくりするような経歴の持ち主がいます。

保育室には遊びが用意されたコーナーや机が配置され、部屋の真ん中にカーペットが敷かれてグループ遊びをします。そして遊びが終われば子どもたちはカーペットを巻いて部屋の隅に置きます。遊びには始まりと終わりがあることを意識させます。

モスクワの物語コンクールで優勝したリタ先生は七色の声の持ち主といわれ、絵本の読み聞かせのときは、魔法使いの大きな三角帽子に黒いマントを被った格好で演出です。イングリット先生のように学生時代に演技経験者や俳優志望者もいれば、ソシー先生はブロンドのロンゲ（長髪）のハンサムな顔立ちで、片耳に3つのピアスをつけていますが、無銭旅行で世界中を歩いたというだけに、彼の語る物語はまるでファンタジーの世界です。スザンナ先生の出勤は週3日です。パートタイムかと思ったのですが、オランダではかなり一般化しているワークシェア（夫婦などで労働を分け合う）者で、出勤日でない時間は、学生時代から興味のあったローマ史の研究に使っているそうです。彼女の夫もワークシェアで2人働いて一人前の給料です。彼女の夢は退職してイタリアの大学で勉強することだと言います。

オランダの幼稚園・保育園には楽しいことがあふれている

保育室の工夫の1つが机やつい立て（パーテーション）でコーナーに分けられていることですが、それぞれのコーナーに遊びが用意されています。例えば、絵本や

保育室に準備されたコーナーを絵で示している遊びと製作の板。子どもたちは自分が選んだ遊び、時には保育者から指示を受けた課題遊びの絵の下に自分の名前カードを貼ります。保育者は子ども全体の遊びを把握しやすくなり、子どもは自分で選択したという遊びへの責任感が生まれます。

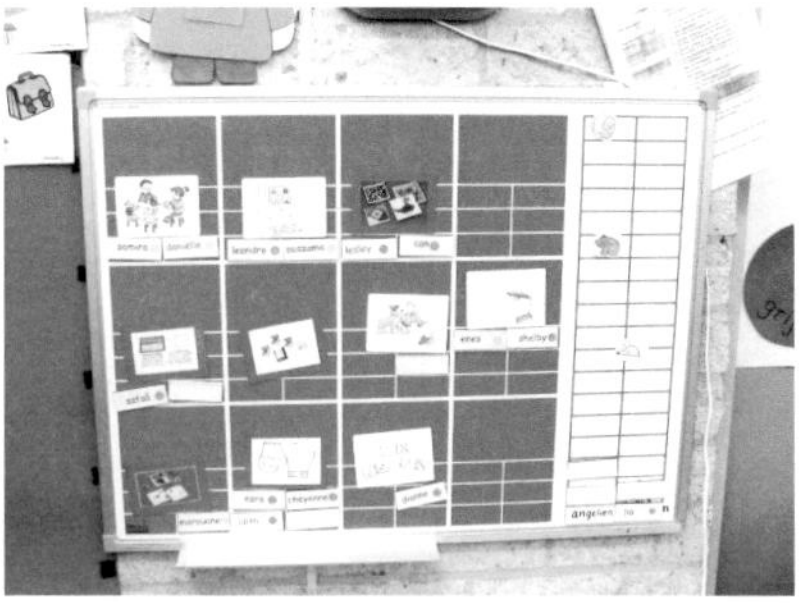

書くための言語遊びコーナー、アトリエ的な遊びのための絵の具や粘土のある創作コーナー、探索や実験が準備された発見コーナー、社会的なコミュニケーションを養うためのお買い物やキッチンコーナーです。保育室全体がマーケットのようにおもちゃや保育素材であふれ、子どもたちに遊びを誘っています。

「遊びの刺激はたくさん準備していますが、必ずしも子どもたちは自分勝手な遊びは許されていません」とイングリット先生は言います。保育室の壁に、その日に用意された遊びが絵で示されています。部屋の中にはどんな遊びが用意されているのかは、絵を見れば一目で分かります。子どもたちは自分が遊びたいテーマを選び、遊びたい場所に自分の名前を貼り付けます。先生もこの遊びの板を見るだけで、子どもたちの興味と遊んでいる場所が分かります。子どもの自主選択と自己決定で子どもたちの遊びが決まるのですが、同時に、遊びを子どもの気ままに終わらせないために、先生が子どもの習熟度と照らし合わせて、難解な遊びをする子どもにはやさしい遊びの提案ができるし、課題がやさしすぎる子どもには、やや難しいテーマ遊びを与えることができます。「保育室に規律があるから自主的な自由遊びが成立する」と彼女は言います。

お誕生会の日です。1人の女児が4歳の誕生日を迎えました。十数人が輪になって座っている真ん中に、ローソクが1本立てられていました。誕生日を迎えた子どもが地球儀の形をしたボールを手にして、子どもたちが輪になって座っている外側を1周して、元の場所に戻ると、一斉にハッピーバースデーの歌をうたいます。ローソクを真ん中にして座っている子どもたちは太陽です。誕生日を迎えた子どもは地球です。彼女が1周すると1年という時間で、その度にハッピーバースデーの歌がうたわれます。彼女は4周し終わると子どもたちの輪の中に戻ります。するとイングリット先生は、突然、駆け足で太陽の周り（子どもたちの輪座）を走り、何十周もして、子どもたちに先生の年齢を当てさせています。またまた見事なユーモア精神です。1年とは何か、時間とは、そして自分が生まれて4年間という長さを時間で感じさせるユニークなお誕生会です。

行事に見るオランダと日本の違い

オランダの幼稚園・保育園にも子どもたちが発表する演劇会がありますが、全員が舞台で出演するのではなくて、希望者を募るオーディション形式です。結構、演技の下手な子どもも応募してくるそうですが、希望者全員に何らかの役割は用意されているために、内容や出演に不満を言ってくる親はいないそうです。日本ではお遊戯会といって全員参加型で、舞台に上がるのを嫌がる子どもも含めて出演は強制に近いものです。先生方も嫌がる子どもを練習させて、舞台に上げるのは快く思ってはいないのですが、親の目があることと、同僚間の競争意識が、ついつい嫌がる子どもや能力的についていけない子どもにも、何らかの出番やセリフを用意せざるを得ないようです。

オーディションに参加してくる子どもたちはやる気満々ですが、それ以上に、セミプロ級の元役者志望だった先生方の力の入れようも並々ならぬものがあります。当然、幼稚園の演劇は面白いという評判を親たちも知っていますから、当日、舞台に上がらない子どもの親たちや近所の人も集まるぐらい、幼稚園が地域に根付いているのはうらやましい限りです。子どもたちが上がる舞台には、派手な拍手喝さいや口笛が飛び交って最終演技まで観客も興奮した満席の状態です。

日本でも運動会や発表会には、我が子のビデオ撮りに良い場所を確保するために、夜勤明けの父親が早朝から演技会場で順番を待つ姿を見かけます。昨今は親ばかりかそれぞれの祖父母が参加するために、定員の2～3倍の収容場所が必要ですから、年齢交代で演技を見せている幼稚園もあります。しかし、我が子の演技や発表に熱心である割に、我が子の出番が終わると、他の子どもの舞台が続いていても、保護者席は退席する親たちが目立つのは寂しい限りです。また、少子化現象と人気のある幼稚園選びとが重なって、子どもと手をつなぐ徒歩登園もまばらで、遠方からのバス登園児童が大半を占めていることも、幼稚園を地域社会から浮き出させている理由の１つです。

異年齢・個別カリキュラムを取り入れたオランダの幼稚園

アムステルダム郊外の幼稚園を訪問したときの新鮮な気持ちは、数年たった今も忘れられません。幼児（学校）教育がこのようなスタイルで行われていること自体が驚きでした。１人の担任が三十数人の子どもに同じ内容を語り、同じ教科書で授業を進め、同じ能力レベルに仕上げる日本の伝統的な学校スタイルを常識としてきた私にとって、この保育風景が目指しているものは何だろうかと考えさせられました。

食卓を囲むように異年齢の子どもたちが座ります。それぞれが異なった課題や教科を自主的にするので、当然、全員が一斉に使うお稽古箱や教科書はありません。

保育室は4つのグループ（コーナー）に分けられ、年齢の異なる子どもたちがいっしょに座っているのですが、各コーナーの机に置かれているおもちゃや保育素材も違うことに気がついたのです。1つのグループは5～6人の子どもたちで、当然、年齢の違いだけでなく遊びの内容も異なっています。机でコーナーに分けられた部屋の真ん中は広い空間になっています。その真ん中の空間にカーペットが敷かれ、そこでも数人がゲーム遊びをしています。机で遊ぶ子どもと床で遊ぶ子どもに分かれています。

小学校も訪問しましたが、やはり同じように異年齢集団をつくって、同じグループに座っている子どもたちが、異なった教科を勉強している教室を見たのは初めてでした。先生が黒板の前に立ち、同年齢集団で同じ教科書を同時に学ぶ、日本的な一斉授業に慣れ切った光景とは異質な雰囲気です。子どもの自主的遊びと自主的学習で授業は行われ、先生は教室の中を歩きながら、一人ひとりの子どもの進み具合を見て回っていますが、時々、手に持ったメモ帳と見比べています。それぞれの子どもたちの進展や学習内容が記録されているのです。午前中の授業で男の子がカバンからバナナを取り出して食べはじめましたが、隣に座っている子どもたちも気にする様子はないし、先ほどの先生のほうを見ると、先生もマグカップを片手にコーヒーを飲みながら子どもに話しかけています。朝食を充分に食べないで登校してきた子どもに、軽食を摂ることが許されているのです。高学年のクラスも異年齢集団でしたが、算数の学習になると同年齢の子どもたちが先生を囲んで座っています。算数等の難易度が異なる授業になると異年齢から同年齢グループに分かれていきます。異年齢集団による学校形式は、オランダでは１９８０年代頃からの取り組みだと聞きましたが、オランダ人の個の自立を求める精神性とも深く関わっているような気がします。子どもたちが下校する3時頃まで学校にいたのですが、帰り間際に気がついたのは、この学校ではチャイムが鳴らなかったことです。

オランダの子どもたちはプロジェクト方式（長期保育計画）で学ぶ

ＯＥＣＤのＰＩＳＡ（国際学習到達度調査）が世界各国で注目されています。その理由は、従来の学力コンクールとは異なり、世界の文化や生活が均等化されるグローバリゼーションの時代に、子どもたちの学力が時代的な要請に合っているかを見極めるテストだということで、２００３年度調査には先進諸国41ヵ国が参加しましたが、次回は既に61カ国が参加希望を出しています。

テスト結果（２００4年12月7日発表）は、見事に日本の子どもたちの学力問題をさらけ出しました。暗記、ドリル、マークシート形式のテストには強いけれども、説明能力や自分の考え方を表現する力は世界14位と惨めな順位で、政府の教育関係者だけでなく経済界をも巻き込んでの論争の結果、小学校のゆとりの時間や教科書を使わない総合的学習を削って、授業時間の量的拡大に決着が求められました（ドイツも日本同様に学力低下問題は国家レベルの騒ぎ方でした）。

オランダの子どもたちの実力は、男女とも世界で4位という好成績で、改めて、オランダ式の自主的な学習方法が世界の教育界の注目を集めています（注：世界順位トップに並ぶ国々の教育方法も注目されていますが、成績は優秀でも、スパルタ的で画一的な授業方法には疑問の声もあります）。オランダはＰＩＳＡ調査の結果、ピラミッドメソッド幼児教育法の軸となるプロジェクト（長期の保育計画）の保育技術を取りいれたのは注目に値します。

水をテーマにしたプロジェクトの簡単な流れを紹介します。子どもたち（５歳児）が輪になって座っている真ん中に、水槽が２つ置かれて、１つは透明な水道水、もう１つは濁った川水が入っています。保育者は２つの水の違いを説明し、子どもた

水をテーマにしたプロジェクトを始める前に、水に関する具体的な知識の導入から始め、次第に複雑で抽象的な概念（目に見えない世界）にまで引き上げます。

ちに水についてのさまざまな問いかけをします。そののち、郊外学習が運河で行われ、水の中の生物や環境問題まで、子どもの思考を引っ張っていきます。保育室に戻った子どもたちと運河で採集した生物観察について話し合い、さらに、家庭で使う水道水がどのようにして運河に還元されていくのかを模擬台所で再現して、水道水がパイプを通してどのように下水に流れていくのか、太い、細い水道パイプを見せて子どもたちの興味を盛り上げていました。答は必ずしも1つではないために、子どもが自分の得意な場面で発言していました。目の前の水とパイプから、子どもたちはどんどんとイメージを拡げ、自分で物語を作っていくのです。

日本の総合的学習に似た教え方ですが、保育技術として洗練されているだけでなく、系統立てられた教科内容です。オランダの保育室も日本と同じように、毎日のやるべきことが決まっています。保育という行為は、日々、あたりまえの繰り返しのため惰性に流される危険性があります。プロジェクトはこのような日常性という現実から、子どもを創造や抽象の世界に引き出す作業です。プロジェクトの理論はジェフ・フォン・カルク博士により提唱された保育技術ですが、「日常の生活の繰り返しという現実から、子どもに自分を分離させる体験が必要だ」（80頁～のインタビュー参照）、とカルク博士は考えています。自分を分離（分散とも呼ばれていますが）させるために、子どもがごっこ遊び等を通して、空想と現実を振り子のように行き来することで、空想と現実の摩擦を体験して分離が行われるという理論です。それゆえに、毎日の繰り返しの保育（現実）と、長い目標をもったプロジェクト（抽象）を交差させた保育活動を行います。子どもが抽象的な思考を獲得するための基礎として、ごっこ遊びやプロジェクト等の、目の前にあるものから遠くのものに視点を置き換える作業が保育活動なのです。

4. 日本の幼稚園・保育園の現場から

喧騒と先生の叫ぶような声で始まる1日

昨今の日本の幼稚園・保育園に入って驚くのは、子どもたちの騒然とした光景です。先生の話す言葉に関心を示さなくなったという実感は、現場の先生方には一致した意見です（大声で反応することを良しとする指導にも問題はありますが）。例えば、自分の名前を呼ばれた時の返事に、耳が割けんばかりの甲高い大声を出す子どもがいると、たちまち次の子どもにも連鎖反応です。全員が座って先生の話を聞いているかと思えば、突然立ち上がってふざける、それを見て他の子どもも笑って同じようなまねをする。設定保育（全員が同じような保育を受ける）の最中に、サークルから抜け出し保育室の中を走り、他の子どもの背中をついたり、抱きついたりしている光景もしばしば見かけます。このような行動的な多動やふざけだけでなく、自由保育の時間になるとテレビから仕込んだアニメの戦闘シーンごっこが始まります。最初は互いに役割を演じながら、ふざけて遊んでいるのですが、ちょっとしたことから本気の殴り合いや喧嘩に発展することもしばしばです。

子どもが騒ぐ、ふざける、喧嘩をするとなると、当然、先生方は黙っていませんから、保育室中響くような大声で静止するか、その騒然とした雰囲気の中で保育が続けられます。先生の叫ぶような大声に対して、子どものほうからもそれに劣らないぐらいの大勢の騒ぎ声がエコーしてきます。当然、先生方の職業病的兆候として、喉を痛める、かすれ声、喉にポリープがあるだけでなく、ほんとうに疲れ切っている姿が見受けられます。なぜ、子どもの行動に年々落ち着きがなくなってきたのか、明白な原因は分かりませんが、幼児の深夜族増加も影響しているようです。

他方、先生の掛け声で子どもが一斉《いっせい》に活発に動いている保育室もあります。いわゆるベテラン保育者が指導する場合、子どもをひとまとめに動かす保育技量が発揮されます。例えば、朝、先生が「おはようございます」と声を掛けた時、子どもからの応答が弱々しい声ならば、「元気ないね、もういちど！」と叱咤すると、子どもたちは天井が壊れんばかりの大声で一斉唱和が戻ってきます。保育中に私語が増えたり、集中できなかったりする子どもが目立つと、先生は直ちに「ハイ、三角おすわり！」と指示すると、子どもたちははじかれたように足を組んで三角座りをします。年長児になると「わかる人は誰？」と手を上げさせて競い合わせる方法もしばしば使われています。たしかに、傍目には子どもたちは統一のとれた行動をしているようですが、先生の意思に動かされる一斉保育がうまくいけばいくほど、子どもは受け身にならざるを得ません。

1～2歳の子どものいる保育室では先生の力（権威）は圧倒的で、子どもへの「ダメ」の禁止語や「イヤ」の否定語が先生の口から出ています。子どもをひとまとめに扱う保育技量として、「いい子ちゃんは誰?・」と子どもたちを競い合わせる、「鬼が来る」と脅しの言葉も飛び交っています。乳児にとって、背の高い先生そのものが威圧的です。言うことを聞かなかったから、しつけ指導として「ごめんなさい」と言わされている姿や、偏食指導のもとに1時間以上座らされていた例もあれば、早く食べさせなければ後片付けが大変だからと、眠りかけている子どもを立たせたまま食べさせている光景や、嫌がるおかずを好きなおかずに混ぜることは普通で、パンを食べたらおかずをあげる、牛乳を飲んだらおやつをあげるといった、愛情よりも保育者による管理の優先が見られます。

このように書くと保育者の資質に問題があるように誤解されるかもしれませんが、保育者の多くは子どもとの取り組みに必死ですし、目の前の問題解決にヘトヘトになっています。保育の営みというのは、日々同じ行為の繰り返しが多いだけに、緊張感が少なく怠慢に陥りやすく、保育室での子どもの表現や行動を、保育者の個人的判断（自分の経験や感情的）で処理されるために、子どもへの接し方も日常的なレベルで処理されるようです。

子どもの生活実態が難しいほど必要とされるのは、やや緊張感の伴った子どもとの関係を保育者室の中に持ち込む努力、すなわち、論理的に構造化された（関係の豊かな）保育カリキュラムだと私は考えています。このようなカリキュラムを保育技術として身につけた保育者が質的に高い保育者であり、保護者が求めているのは表面的な保育サービスではなくて、質の高い保育者に我が子を託せるという可能性です。

ぎっしりと詰まったカリキュラム

幼稚園での多くの1日は、忙しいカリキュラムに追われています。登園してくる子どもの中には、交通渋滞に巻き込まれて1時間近く通園バスに乗り、疲れ果てている子もいます。バス通園が子どもを通わせる安全な手段であることは確かですが、通園バスの中で起こるイジメの問題も深刻です。ある母親は我が子の足にあざがあることを発見し、幼稚園でイジメにあっているのではないかと訴えましたが、担任の先生によると幼稚園ではそのような光景は見られないとのことでした。しかし、子どもに事情を聞いてみると、ポケットに入れていた小物のおもちゃの貸し借りがこじれて、バスに乗る瞬間、友だちに脚を強くつねられていたそうです。そのことを添乗の先生に気づいてもらえなかったという事実が分かり、バス通園という集団から孤立して、母娘だけで通ったという話もあります。

最近は保護者から、しつけ指導に加えて、早くから読み書きや英語も教えてほしいという要望もあり、多くの幼稚園ではたくさんの教育的メニューが用意されています。ハキハキと手を上げて点呼に応じる、椅子に正しく座って先生の話を静かに聞く、作品製作等の一斉保育の課題をこなす、一部の幼稚園では年長になれば漢字や算数の練習のために、フラッシュカードを使ってのすばやい漢字練習、ドリルを繰り返して算数をこなす時間があります。また、午後からは外国人の英語の先生がやってくる英語遊びの時間や体育会系学校を卒業した若い先生の体操の課外活動、近所の室内プールでの水泳日、お誕生会には自分の誕生日祝いの演技を皆に見せるための練習をする、運動会シーズンにはテレビで流行っている激しいリズムで集団行動に合わせた演技をこなす、お遊戯会や音楽演奏会がやってくると一糸乱れぬ演技や演奏が求められるし、それ以外にも定例の入学式、進級式、卒園式、そして遠足と盛りだくさんです。

教える側にも、昨年の演技や舞台より劣ってはならないというプレッシャーがあり、先生も必死になって子どもたちに教えます。数多い行事で1年間が組み立てられているために、行事が近づくと子どもたちに現れる兆候は、夜尿、頻尿、吃音、落着きがなくそわそわする、登園を嫌がる等に現れます。

このように書くと、幼稚園は幼児に過酷な教育的トレーニングを詰め込んでいるように思われますが、明治にドイツから輸入したキンダーガーデンの教育的システムを、自由で楽しい幼稚園・保育園に築いてきた歴史が日本にはあるのです。しかし、子どもに楽しいはずの幼稚園は、現代社会の政治的な利害関係や親の願望・生活状況に大きく左右され、人生でもっとも多くを学ぶべき子どもの庭（幼稚園時代）を子どもから奪ったように思われます。

一卵性双生児の母娘、私へのご褒美時代

今、子育て最中の母親が「玄関から一歩外に出れば、車にひかれないように、電

車がくれば周囲の迷惑にならないように気を配り、お店の中では走り回らないように、マンションでは階下の住人を気にして飛び跳ねないように注意し」、日々、緊張に気が抜けないと言います。若い母親たちは世間を背中に背負い、子どもを危険から守る緊張感（特に女の子を育てている母親たちには）と受験の勝利者への道を歩ませなければならない焦りに困惑しています。

また、幼稚園では、他の母親たちとは仲良くしているが、腹の中は違う、とはっきりと言い切った母親もいます。いつも顔を合わせなければならないしんどさも、幼稚園に子どもを通わせる彼女たちの胃の痛くなるような問題です。

というのも、子どもがヨチヨチ歩きをする頃からは、母親にとって大変な時期です。1日の大半をマンションで子どもと顔を突き合わせていた母親が、たまたま公園で出会った子どもがよく似た年齢で、同世代の母親だというだけで、まるで砂漠でオアシスを見つけたようだと言います。そして急速に接近が始まるのですが、いつも顔を合わせていることが窮屈さに変わり、相手から誘われたら気軽に断れないしんどさが積もるだけでなく、子ども同士の性格や遊びの違いから次第にオアシスが涸れだします。

幼稚園・保育園に子どもを通わせている多くの保護者は30歳代です。もっとも豊かな消費社会の中で育ち、「私」という自己主張が自由に許された世代です。「私の子どもにもっと手を掛けて！」「子どもの嫌いなものは給食に出さないで！」といった訴えは常識化しています。少し深刻な話になると、子どもが母親に「幼稚園の先生が怖い！」といった一言から、教育委員会問題にまで発展した例があります（このような例はしばしば耳にしますが、事実は、先生が1人の子どもを叱った場合、たまたまその横にいた子どもが自分も叱られたと思い込むことが多いのです。それだけに子どもへの叱り方には配慮が必要です）。最近のバレンタインデーの消費調査で、男性への贈り物の金額と、自分自身へのプレゼントの金額を比べると、多くの女性は自分への贈り物の金額のほうが多かったそうです。自分自身へのごほうびだそうですが、「私主義」の典型にもとれます。

信じられないような「母親事件」が起こっています。「子ども事件」の増加に伴って「母親事件」もマスコミで騒がれています。信じられないとしか言いようがないのですが、自分の子どもと同年齢の子どもを殺害するという、いたましい事件の数々です。『砂漠の薔薇』（新堂冬樹、幻冬舎）は「お受験」殺人をテーマにしていますが、殺人の原因はお受験にあるのではなくて、日陰で人生を過ごしてきた母親の1人が、我が娘には日なたで花を咲かさせてあげたいという願いから、我が子に邪魔な相手を殺害してまで望みをかなえようとするストーリーです。自分の人生に価値を見出すことができない親は、子どもに価値の実現を託しがちです。また、自分の夢と子どもの夢を同一化して、子どもと共に勝利者への道を歩む、一卵性双生児的な母子が増えているような気がします。

子どもの自分で学ぶ力を信じたい

私が大学の講義で早期教育現場の風景を話し終え、学生たちに各自の幼児期の体験を話してもらいました。

1人の女子学生が語ったことは、彼女は小学3年生頃から大手の算数塾に通い、学校での成績もかなり優秀だったといいます。ところが、次第に彼女が迷いはじめたのは、学校の教室で先生が黒板に算数の問題を書きはじめると、その答がスラスラと自動的に出てくるというのです。彼女が通っていた塾の特色は、問題に対して機械的に答が出せるように、学習の難易度に沿って繰り返し練習するやり方で、1年通うと小型ダンボール一杯に練習問題ドリルがたまるそうです。○○塾の神童といわれるぐらい、高度な数学問題を解く小学生がいることでも知名度の高い塾です。彼女が言うには〝答えがさっと出てくる〟が、なぜ、そのようになるのかが分からないことに悩みはじめ、次第に勉強する意欲を失ったという体験談は、見事に日本的教育システムの問題点を突いていると思いました。繰り返し練習、早く答えるスピード能力、そして大量の知識の暗記に、マークシートで鍛えられた子どもたちが、ふと、「なぜ、学ぶのか」と疑問をもったとき、これまで蓄えた学力の金メッキがはがれてくるようです。

それでも、日本的ドリル学習やワークシートは〝悪だ〟と一概に否定するだけでは、現在の学び方の問題は解決できそうにもありません。このような画一的な学習方法は、日本の歴史的な歩みの中で必要とされてきたことも確かです。日本の古代国家が形成された紀元3～4世紀（邪馬台国の頃）から近世に入るまでの約1400年、農業・漁業生産を主としてきた日本人は、黙々と大地を耕し同じ時期（季節）に同じ行動を行い、自己練磨的な生涯だったために、自己訓練や自己鍛錬的な学習法を身につけることも自然な成り行きだったのです。それでも江戸時代には豊かな多様性のある文化を育てた国が、明治から昭和にかけて一様な価値を大事とし、変化を好まない管理色の強い国に走り続けたといわれています。

それに比べて、西欧諸国のように狩猟・牧畜の移動社会では、他者との交流、異文化との接触が多く、外に向かって広がる社会では大きな集団ではなくて、小さなグループで多様な異文化と接触してきた歴史があります。そのために、自分たちの文化を他者に説明し、理解させようとする論理性の能力が発達するのに対して、日本社会では、他者を分からせようとする説明能力や質問能力は育ちませんでした。日本人の集団的な同質均等な能力は、近代工業社会の良質で均質な商品――ハイテク製品から日常電化製品まで――を製造するのにぴったりだっただけでなく、頭の良い勤勉な労働者育成には、これまでの日本的学習方法が有効だったことは間違いありません。しかし、生産能力の高度化が徐々に中国を中心とするアジア諸国に肩代わりされている現在、日本社会の求める能力は、従来とは質的に異なったものであり、模倣、訓練、繰り返し、暗記等では身につけがたいものです。知識を大量に暗記することは、学力の建築的な足場（年代や数式の暗記、漢字や九九の練習等）として役立ちますが、その足場を使って、建造物を建築する応用力が問題となっています。

ドリルを中心にした算数塾でしばしば問題となるのは、子どもたちは与えられたドリルシートをやり終えたとたん、騒がしくふざけるだけでなく、解答用紙を〝できた〟といって塾の先生に投げる子どもも多くなったといいます。九九計算がすばやくできる5歳児に、「2＋3＝」と黒板に書き終えると同時に「5」とすばやく答えます。次に、それでは「5の中に1はいくつあるかな」との質問には戸惑ってしまいます。5という数字は1が5つ集まってできた〝かたまり〟としての理解ができないのは、計算方法は身についているが、数も言葉表現の1つの表し方だという教え方とは、ほど遠いマスメ計算やドリルに慣らされた結果だと思います。

個性を一色に塗りつぶす一斉教育（保育）から抜け出すこと

子どもたちは同年齢のクラス集団に集められ、1人の保育者・教師が担任として教え、世話をする指導するスタイルは、日本人には慣れ親しんだ光景です。しかし欧米の子どもたちはクラス単位で一斉に教育（保育）を受けるのではなく、幼児は保育室に準備された遊び空間（コーナー展開）に分かれて、それぞれ異なった遊びを始めるのが、幼稚園・保育園の一般的な光景です。まず、子どもの自主的な遊びを優先させ、子どもが自分のやりたいことを中心にした遊びをやりますが、同時に、子どもたちは自分の要求が必ずしも他者に受け入れられない葛藤も経験します。このような葛藤やいざこざを避ければ、他の子どもとの遊びは実現しません。遊びを成立させるために、子どもたちは互いに譲り合うか話し合いをしなければ物事は進みません。自分を自律し他者を受け入れる高度なコミュニケーション能力が育つはずです。保育者の指導のままに同じ遊びを続ければ、このような葛藤を味わうこともありませんが、自立は遠のき、受身だけの生き方を身につけるだけです。

欧米は学校でもホームルームはありますが、担任は生徒たちにごく簡単な事務的連絡をするだけで、10数分のホームルームが終わると、子どもたちはそれぞれの授業を受けるために分散して、各自が選択した教科の教室へ行くと、そこに教科担当の先生が待っているのが普通です。

日本の子どもたちは、幼児期から同一集団の枠組みに入れられ、同じクラス単位で保育を受け、同じクラス単位で生活発表を行い、同じクラス単位で運動会の演技をします。幼児期から思春期近くまで同じ集団で行動する光景は、アリやハチの生態の群れ（クラスター）の集団行動に似ています。

近年、保育室で長時間を過ごす子どもたちの困った行動に保育者たちは頭を痛めていますが、クラスターで1日の保育を進めるために、保育室は一斉教育（保育）

注：クラスター（Cluster）＝ブドウ等の房、群れ

に適した空間が求められ、同じ教育内容と同じ教材（お稽古箱等）が用意されています。しかしそこにはおもちゃ棚やごっこ遊びの空間、発見コーナーや積み木コーナー、それに台所遊びに適した空間等は見当たらないし、いうまでもなく集団から離れて1人で遊ぶ空間（私だけの場）もありません。たとえ、遊びの場が用意されていたとしても、同じ保育室に集まり、話を聴き、制作や自由遊びをして、さらにその同じ場で給食をするために、1日に何回となく〝お片付け〟の声が聞こえます。当然、安定した遊びの場が用意されていないために、子どもたちは保育室では騒がしく、保育者の話に耳を傾けないだけでなく、子ども同士の攻撃的な行動も多く、安心した仲間関係を形成する時間とチャンスも与えられていません。

もし、保育室がいくつかの遊びの空間（発見コーナー等）に分けられ、遊びが準備されていたならば、子どもたちは自分で遊びを選び、遊びの場を決める力を養いますが、一斉教育（保育）的なシステムでは、子どもの選択や自己決定にはほど遠く、子どもは保護して教え導かなければならないという、大人の意識の下で育てられています。日本的一斉教育（保育）は、学校生活の予備訓練的な意味合いを持っているだけでなく、欧米先進諸国に肩を並べるためには、品質度の高い工業製品の生産を担う、人材養成の出発点としても役立ってきました。しかし、日本の社会は

手工業生産国からロボット産業、さらにサービスや情報社会に移行し、個々の住宅事情も「ウサギ小屋」から「マイホーム」へと変わってきた中で、子どもたちは勉強部屋という個室を与えられ、リビングの快適な生活空間も手に入れています。それに比べて、幼稚園・保育園は旧態依然のままの教室的な「空間」の中で、1日の多くの時間を過ごさせているのが現実です。

5.

未来型の幼児教育への模索

――新しい総合施設（認定こども園）構想を視野に入れて

新しい幼児教育への歩み

日本の幼児教育は明治9年に時の政府が、ドイツの幼児教育制度「キンダーガーデン」を旧東京女子師範学校附属幼稚園として導入したことから始まりました。それ以前は、託児所として福祉施設の要素をもつ子どもの施設はありましたが、この西欧近代幼児教育としてのカリキュラムの導入は、日本の幼児教育の始まりでした。しかし、これを契機に行政的に2つの幼児教育の流れが生まれました。新しい「キンダーガーデン」に「幼稚園」の名称をつけ、従来からの施設を「保育園（所）」と呼び、行政的にも前者を教育機関、後者を福祉機関に分離して今日に至っています。両者とも子どものための施設でありながら、親の労働形態によって機能的に分けられ、日本の近代産業を支える機関としての役目も持ち合わせていました。夫を会社に送り出すための専業主婦層の安定を担う教育機関と、家計を担う女性労働者の支えとしての保育機関としての役割でした。子どもたちの施設というよりも、日本が近代西欧諸国に負けない高度な工業社会をつくるための裏方的な役割を幼稚園・保育園は担ってきた一面もあります。

明治政府が日本にはじめて導入したドイツの幼稚園を模した幼児教育の光景。机と椅子を中心としての先生が指導的に教えるスタイル。

昨今の保育園では、働く女性の職場の地位や職種に加えて、遠距離通勤等の事情もあって、1日に12時間も保育園で過ごす子どもも少なくありません。また、「お迎えサポートさん」が夕刻時に子どもたちを迎えに来たり、このあとさらに深夜営業の保育園に通う子どももいます。これらの大半が乳児期を対象としているというのも考えさせられます。

他方、幼稚園における専業主婦層による「お受験」過熱現象は、単なる受験競争というよりも、格差社会という呼び名が現実になってきた今日、下流層に落ちたくないという恐れが、幼児の受験戦士を生み出し、親たちの要望に応えようとする私立幼稚園の教育加熱の現実は、保育園にも押し寄せています。

さらに、都市部では保育園の待機児童問題が大問題である一方、地方部では保育園、幼稚園ともに定員減が始まるというズレも起こっています。このような幼児教育二元化の歴史が、さまざまなひずみを表しはじめていることを、幼児教育現場の保育者たちは敏感に感じているはずです。

長い歴史の中での幼児教育二元化のひずみは、いまだに解消できていないうえに、現代は危機的な少子化現象を迎えています。加えて親たちの家庭機能や労働形態の多様化と比例するように増えてきた、子どもたちの育ちの問題や小学校入学時での情緒的な不安定さ、そして学力のバラツキへの解決策として、就学前の教育と保育を一体化した「総合施設（認定こども園）」のモデル事業が２００３年７月に閣議決定されました。続いて２００６年３月に「就学前保育等推進法案」が国会にあげられ、「認定こども園」が正式に発足することになりました。現場の幼児教育者からは「認定こども園」設置には賛否両論が出ていることも確かですが、同年齢の幼児が政治的な絡みで別々の施設に通うひずみの解消は真剣に考える時期にきています。

ユネスコのハイ・ジンパーク女史による幼児教育の現状調査（コユネスコとＯＥＣＤの協同で行われた調査）では、経済開発途上の国々では、６歳までの幼児教育を社会福祉行政機関で管理しているのに対して、欧米先進諸国では行政的には教育機関の分野に入れているという興味深い発表もあります。いまから10数年先は、幼児教育の施設や保育・教育内容ががらりと変化する時代になっているように思います。そのような意味で次世代型の幼児教育の姿を、あくまでも現場の保育室という場に視点を当てて描いてみたいと思います。

近年、ヨーロッパの多くの幼稚園で見られる風景。先生を囲むようにサークル状になって座り、先生は、「今日何をして遊ぶの？」と子どもの気持ちに耳を傾けるサークルタイムの時間をとります。

次世代型幼児教育のに向かって

フレーベルが19世紀前半に世界最初の幼稚園を創設して以来、幼児教育の歴史を見ると、その方法の変化だけでなく、保育室（＝保育室の保育空間）の移り変わりも歴然としています。管理優先の考え方で幼児教育が行われてきた18、19世紀頃は、1つの箱型の部屋に大人数の子どもを一緒に収容するスタイルでした。保育者指導の一斉《いっせい》保育や指示の伝達を中心にした保育形態では、すべて同じ形の部屋が管理には適していたようですが、現在、日本の保育室の多くは、いまなおこれと同じようなスタイルをもち続けています。子どもを一斉に指導する方法は、子どもを全員平等に扱い、クラス全員に分からせようとするために、保育者が中心になって保育を進めます。しかし、このようなスタイルの幼児教育を継続していくことの難しさと問題点が、現場の保育者たちから指摘されはじめました。

ヨーロッパやアメリカにおいては、1日の大半を幼稚園・保育園で過ごす子どもたちにとって、どのようにすればクラスがアットホームな雰囲気になり、動きやすく気楽に遊べる保育空間を設定できるのかが研究されてきたのです。1年中同じ雰囲気で固定された机と椅子が置かれているような保育室では、子どもの遊びだけでなく人間関係の広がりも生まれません。けれども反対に、座る場所がいつも変化し、

未来型の保育室をモデル化したイラスト。このように空間を設定した保育室で子どもたちが学ぶ時代がきます。

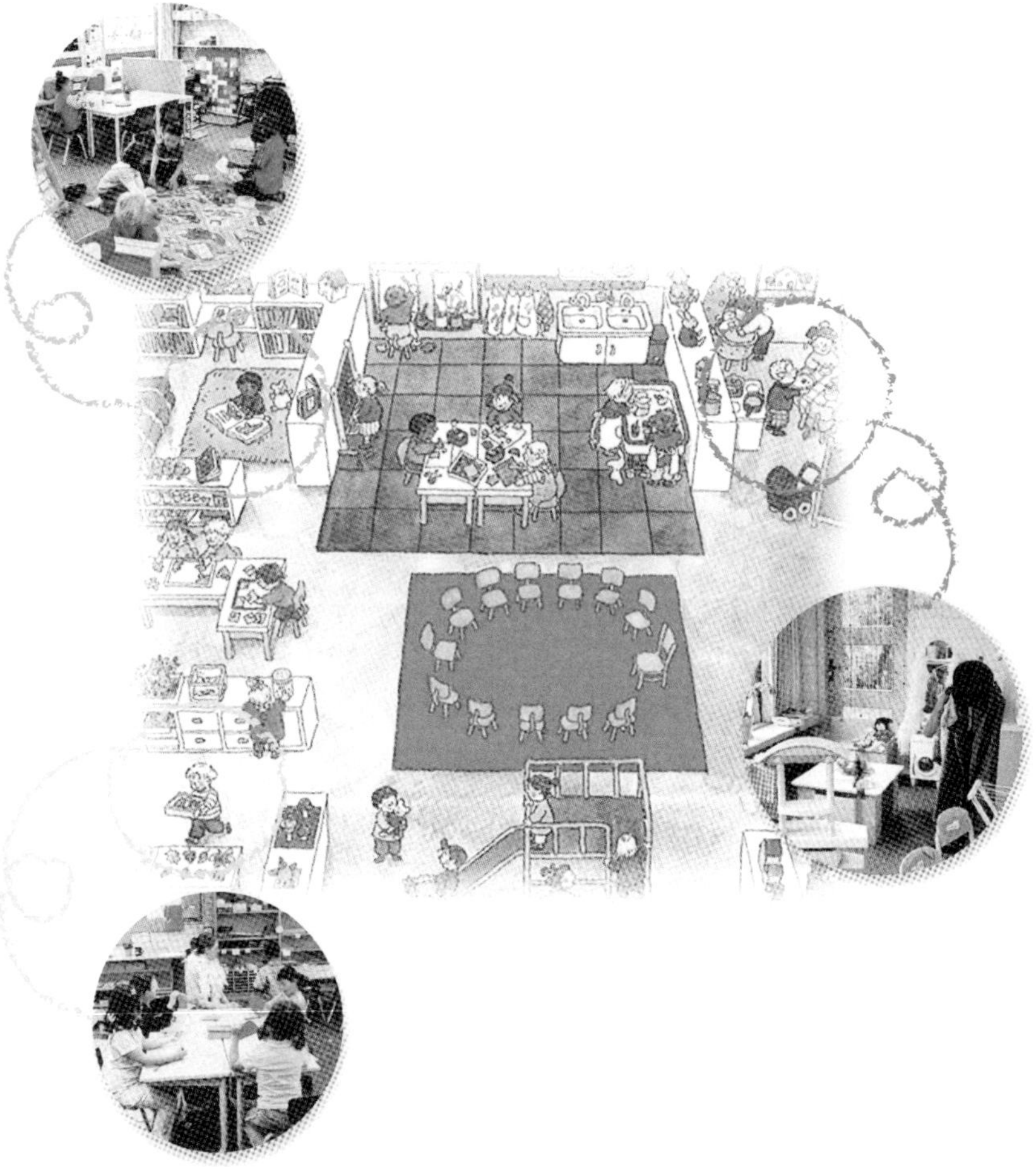

同年齢クラスに設定された５歳児クラス。読み、書き、計算の課題をこなしています。異年齢クラス設定の中で、このような同年齢だけの学びの時間ももちます。

おもちゃや保育素材の場所が毎日違うようでは、子どもは落ち着いて遊ぶことができません。近年、欧米先進諸国の保育者たちが取り組んできた保育室の工夫は、子どもが動きやすいように、保育室をいくつかの空間に分けるやり方です。これは子どもを遊びごとに小さなグループに分けるための空間です。子どもは小さくかたまったり、囲いの中に入ったり、押し入れの奥に隠れる遊びを好みます。だから安心して遊べる小さな空間を保育室の中につくろうという発想なのです。

同年齢保育か異年齢保育の選択

保育室での適正な子どもの人数は30人なのか、それとも25人ぐらいまでがよいのか、また、保育者の配置基準もしばしば議論になりますが、もう1つ、幼児教育の形態についても、同年齢クラス（Homogenious《ホモジーニアス》）か、異年齢クラス（Heterogeneous《ヘトロジーニアス》）かが教育者の話題によくのぼります。保育のやり方や形態はそれぞれの幼稚園や保育園の自主性に任されているものですが、私の主観としていえば、保育に熱心に取り組む保育者の多くは、異年齢クラスを理想としているように思います。

昨今、日本の子どもの急激な生活状況の変化と切迫した少子化現象を考えると、混合保育というのか、異年齢の子どもが1つのクラスの中で過ごす異年齢スタイル

異年齢クラスの保育形態。机では年長児、床のカーペットでは年少児が遊んでいます。時には逆の設定になることもあれば、混合で遊ぶこともあります。

の保育室の研究は必要です。たしかに、保育室で年長児と赤ちゃんが同じ部屋にいるということは、安全配慮からいっても避けなければならないことは当然です。そして私がこれまで関わってきた異年齢集団の保育を試みた幼稚園・保育園の大半でも、いろいろ難しい問題もあるようです。幼稚園・保育園側の意図を十分に汲みとれなかった保護者から、「子どもを見ていない、ずさんな保育だ」という批判も耳にしました。異年齢クラスでの保育の難しさは、保育者が子どもたちの動きや遊びに追いつけないことと、一人ひとりの発達課題を把握できるほど、保育者が十分な研修を受けるチャンスが少ないことに尽きます。しかし異年齢保育はこれからの時代的な流れからいって、避けることのできない幼児教育の姿に違いありません。

しかし、現実の幼稚園や保育の現場では1クラスの人数があまりにも多すぎます（都会と地方での差はありますが）。特に、少子化対策の1つとして保護者の希望が優先され、定員の二十数パーセント増しの受け入れが認められ、保育室の騒乱は想像以上ですし、保育者は子どもを静かにさせ、団体行動をとらせることに必死です。それに、先の見えにくい世の中になればなるほどに、親たちは子どもの個性よりも、社会に適応するための同年齢的な教育法を求める傾向が強くなっています。

流れるように時間配分された保育室

私たちが何気なく過ごしている「時間」というものを改めて考え直す必要があります。

幼稚園・保育園での子どもの1日の過ごし方を見ていると、遊びを中心に展開されている幼稚園・保育園ですら、やはり「時間」で管理した1日で終わるようです。学校教育に典型的に現れているように、ほとんどの幼稚園・保育園は、時間どおりのスケジュールで1日の保育が進行していくという前提をもとに、生活やカリキュラムが成り立っています。現在のように高度に発達した消費社会では、お金と時間が生活を強く縛りつけている「忙しい」毎日なだけに、時間制の生活を簡単には批判できませんが、時間の主人公は子どもだという視点で「時間」を考える必要があります。

幼児教育という極めて生活に近い場では、遊びが子どもの1日の仕事ですから、スケジュールどおりの時間ではなくて、立ち止まり、後戻りできるような余裕のある時間の考え方も必要です。それに、本来子どもは体内に生物的なリズムや、子ども独特の時間の感覚をもっています。お腹の空き具合、睡眠時間の長短、休み時間等は、個々の子どもによって大きな違いがあるのに、いまの保育では同じ時間に食

幼稚園での１日の流れを分かりやすく示しています。その日の活動を順番に目で見ることができるので、子どもは日常の活動を見通し、先を見越すことと振り返ることを学びます。子どもが絶えず「目に留める」ように、保育室内のよく見える場所に絵を配置することで、絵で見る時間の経過（時計）となります。

べ、同じ時間に寝るような画一化された「時間」が優先されます。また、幼児にとっての時間の捉え方は、先のことを考えて明日の予定を立てるのではなく、遊んでいる今の「時間」しかないのです。子どもは大人社会の時間の厳守という理論は通用しない、遊びの世界に暮らしているのです。

それぞれの違った家庭から、しかも異なった育て方をされた子どもたちを、１つの空間に集めて保育を営む場合、客観的な「時間」の考えを持ち込むことで、子どもたちを集団生活に馴らさせるのも仕方がないことですが、いつのまにか、「時間」が子どもたちの主人公となり、生活を縛りつけるようになったことは問題です。学校が終わると小学生の60％以上がお稽古ごとや塾に通い、中学生の80％が塾に行く皆塾時代では、現代の幼児も同じように早期教育やお稽古ごとの洗礼を受けています。

子どもに何かを教え、身につけさせる教育課程の風潮は、受験時代の産物ともいえますが、私たち大人が子どもの育ちに、一種の成長神話を持ち続けていることも理由の１つです。子どもの育ちは赤ちゃん期から幼児期へ、それから子ども期から思春期へと成長していくという神話です。確かに目で見える身体的な成長は、小さな赤ん坊から、わんぱくでおしゃまな子どもに育っていくのですが、精神的な心の成長は一直線に登るとは限りません。

私は、子ども相談という臨床の場を設け続けていますが、発達的な問題や偏りを抱えた子どもを相手にしていると、子どもの成長時間というのは時計の時間とはまったく別物で、前進もするけれども、その進歩を支えているのは、ときに後退するという現象があるという事実です。後退もすれば立ち止まって休憩もしていることに気がつきます。そのような変則的で非連続的な成長の流れを表す子どもを、私たち親や保育者は、困った子ども、保育現場を乱す子ども、問題のある子どもとレッテルを貼ってしまうことがあります。しかし子どもは大人が決めたある目標に向かって成長しているのではなくて、それぞれに与えられた成長の時間で育つのですから、遊びに熱中している時間、保育室の中でぶらぶらして遊んでいる子どもの時間、何にもしないでぼんやりしている子どもの時間、保育者の指示語が一切聞こえてこないような空白のような時間も必要です。

狭い保育室を工夫する発想

これまでも再三述べてきましたが、保育室というのは、「どのような保育をしようとしているのか」、一人ひとりの保育者の保育観に左右されます。保育室は単な

机を利用して保育室をいくつかのコーナーに区切ります。それぞれのコーナーでは違った課題（テーマ）が与えられています。子どもたちが一斉に手を上げて競い合うことはなく、互いの協力関係のもとで保育が進められていきます。花嫁衣裳にドレスアップした年中児がドレスアップコーナーから出てきました。

る物理的な空間ではなくて、保育者の人としての思想であり、感性が表現される場所です。言葉をかえて言えば、「保育者と子どものよき関係がつくられる場」なのです。

保育室づくりの基本は、まず、子どもが落ち着ける安定した場を用意してあげることです。保育室が騒がしいという悩みを多くの保育者が抱えていますが、騒がしさの一番大きな理由は、狭い保育室の同じ場所で一斉に集団的なリズム遊び、絵本を読み聞かせる、製作、給食、そして保育園ではお昼寝と、多様なカリキュラムをこなしていくために、子どもたちが1日中お片付けをしなければいけないことは第四章でもふれました。保育室を片付けないことには、次のプログラムに進めないのですが、たとえ狭くても、片付けを繰り返す時間の輪切り型保育を変えていく発想をもつべきです。

私がこれまでに訪問したヨーロッパの保育室も、決して広くはありません。もちろん日本の現実では、保育室にいる子どもの人数が多いことは事実です。しかし将来は次第にヨーロッパ並みに、年中、年長児クラスも25人程度に近づいてくるように思います。現実的な問題として、狭い保育室をどのように工夫すればよいのかというと、一斉に同じことをさせるという考え方を変えることです。狭い保育室を、いつも固定された遊び場（コーナー）といつでも変化させられる場（机といす）の2つに分ける方法と、保育室にいくつかのテーマ別の遊びができる場を用意して、子どもを小集団で遊べるようにすることで、お片付けの連呼がなくなります。小集団の子どもたちがそれぞれに異なった遊びをしている保育室の光景を頭に浮かべてください。

なぜ変化させない安定した保育室が必要なのか

子どもは本質的に自分の意思に反して自分が移動させられることを嫌います。ごっこコーナーやおもちゃがいつも同じ場にあるという安定感は、遊びを継続させるエネルギーとなります。しかし、いつも同じ保育室で、しかも同じ棚におもちゃが並べられてはいるが、どこかが少し違うという魅力、それが保育室のデザイン力です。

理想的にデザインされた幼稚園・保育園を描いてみましょう。まず玄関や保育室の前には、必ず靴を入れる場所があります。それぞれの靴入れには、子どもたちに割り当てられた動物や車のシールが貼られ、「あなたの場所」を強調しています。保育室の入り口には、子どもたちが幼稚園・保育園に来たという意識をもたせるた

棚にはテーマごとに分けられて保育の素材が保管されています。左奥は絵合わせ的な製作をしているグループ、真ん中のコーナーではアイマスク（目隠し）を使って感覚的な遊びをしているグループが見られます。

めの出席シールが、子どもの年齢に合ったやり方で、貼りやすいように工夫されています。子どもたちは自分のカバンや私物を入れる棚をもっていますが、それぞれの棚には靴入れと同じように、子どもたちのシールが貼られていいます。また、壁には一人ひとりの子どもたちの顔写真と、その横にシールが貼られた額が掛けられています。さらに、奥に入ると人形やお買い物ごっこ遊びができるコーナーが用意されています。変化させない安定した保育室があるからこそ、子どもは安心して探索し、新鮮でおもしろいものを発見するチャンスを手にするのです。

子どものエネルギーの基本は探索であり、動き回ることにあるのですが、もし、探索し動き回る環境が不安定であるならば、子どもは探索の方向を見失います。変化しない同じ環境が用意されていることで、子どもは探索の手段としての「繰り返し」遊びを安心して行うことができるのです。

年齢別保育空間づくりの実践

◆赤ちゃんが暮らす保育室
──親との分離に不安感を与えない工夫

最近は、生後3ヵ月前後の赤ちゃんを保育室で預かることも多くなり、親の勤務条件によっては長時間を保育室で過ごす赤ちゃんも増えました。親と別れて過ごす赤ちゃんのストレスだけでなく、預ける親にとっても不安感は大きいようです。この分離不安を和らげるには、赤ちゃんが家の中で親しんでいる人形と一緒に登園してもらうのも1つの方法です。人形は母親の分身です。保育室に入ると、それぞれの赤ちゃんが持ってきた人形を入れる布ケースが保育室の壁に掛けられ、一つひとつのケースには赤ちゃんの顔写真やシンボルマークが貼られています。お昼寝のとき赤ちゃんはこの人形といっしょに寝ます。そして、お帰りのときもこの人形といっしょに帰宅するのです。

赤ちゃんの保育室

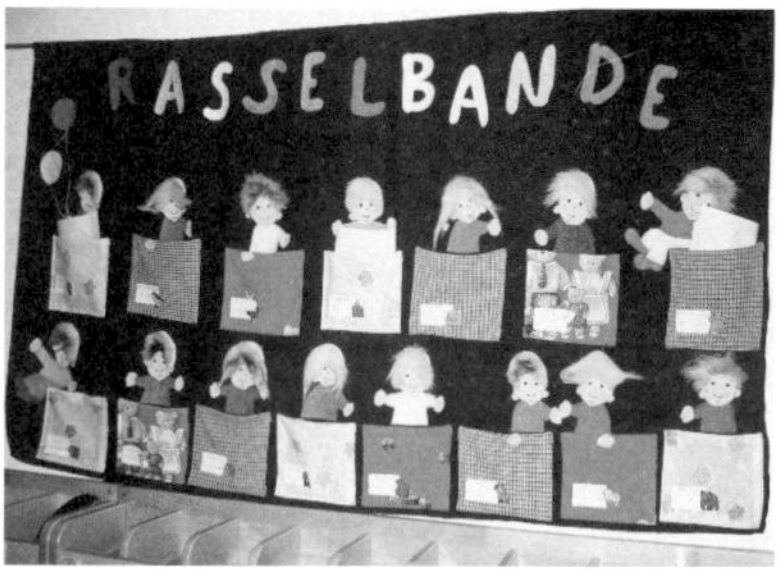

〈親との分離に不安感を与えない工夫〉
子どもたち一人ひとりの人形が入っているウォールポケット。これが乳児のシンボルマーク代わりをしています。保護者への連絡もこのポケットを使って行われます。

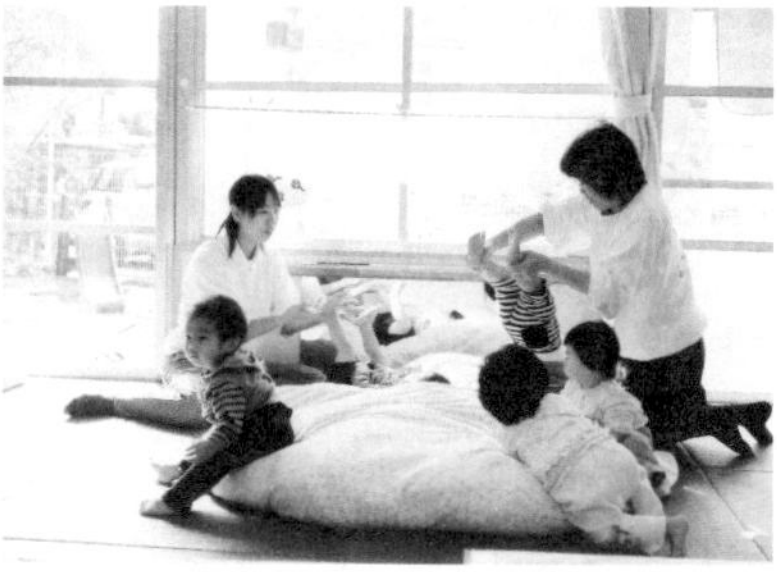

〈鏡は安心感を与えてくれるお友達〉
赤ちゃんの遊びは一人遊びが普通ですが、保育室の真ん中に大きなソフトマットを用意すると自然に集まって遊びます。窓際の壁に鏡が取り付けられていると、ハイハイ運動で自分の全身が見られます。

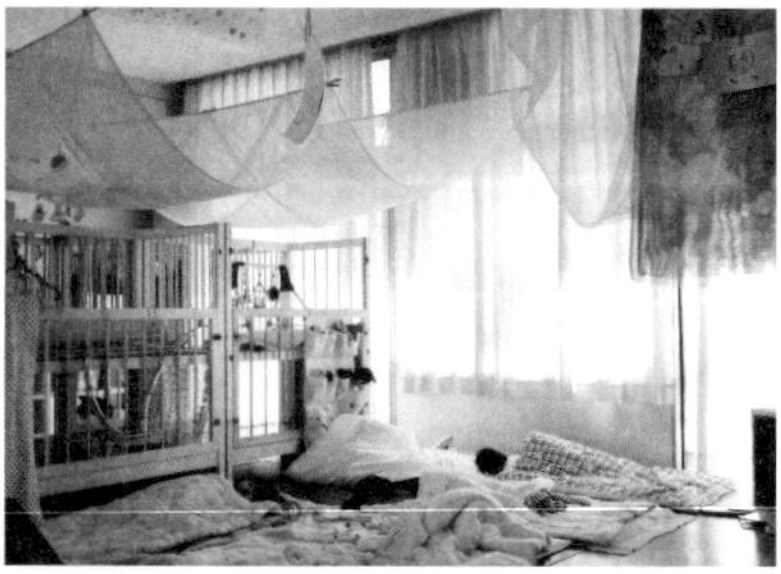

〈間接照明やカーテンの配置〉
保育室の天井全体に大きなカーテンを取り付けて直接照明を避けています。お昼寝時には窓のカーテンを引くだけで、落ち着いた薄暗い部屋になります。

――鏡は安心感を与えてくれるお友達

赤ちゃんが1日の大半を過ごす保育室の壁に、赤ちゃんの全身が映るように、床に近い場所に大きな鏡を取り付けます。赤ちゃんはいつも自分の姿（まだ、それが自分自身だとは分かりにくいようですが）と友達の姿を見ます。また、壁だけではなく、ベビーベッドの柵にも、オムツ交換の天井にも鏡をつけてあげることで、次第に自分の動きと友達の遊びに関心のまなざしを向けるようになります。これまでお昼寝から目覚めると泣き出していた赤ちゃんも、静かに鏡を見るようになり、むやみに泣くことが少なくなり、本当に保育者を求めている泣き声との違いが分かるようになります。

――間接照明やカーテンの配置

お昼寝の時間にはカーテンで赤ちゃんの部屋は薄暗くする配慮は今もなされていますが、お昼寝以外の時間は、直接照明の大きな蛍光灯が明々と点けられている保育室を見かけます。スェーデンやドイツの保育室は直接照明が避けられ、光を壁に照らした間接照明が設置されています。また、赤ちゃんによっては、家庭での睡眠が十分とれなかった場合やそれぞれの睡眠リズムの違いで、眠りの時間が多い赤ちゃんもいます。赤ちゃんが眠りに入る空間には、蛍光灯に薄い布地等を被いをかぶせ、大きなカーテンを低く天井から吊るして、安心して休める空間をつくってあげることで安定感のある保育室をつくります。

――ハイハイやヨチヨチ歩きの空間

赤ちゃんがハイハイやヨチヨチ歩きを始める頃になると、部屋の中を動き回っても安全なように、危ないものや触ってはいけないものを取り除き、床を動き回れる場所として開放します。床の上に小さなかごを置いて、その中に手に持ちやすいおもちゃを入れておくと、その周辺が遊びの場となります。また、壁を利用して、引っぱったり動かしたりできるようなおもちゃを吊るすと、壁面が遊びの場に変化します。遊びの空間が用意されていない保育室では、絶えず保育者が赤ちゃんに付き添って、危ないものに触ると抱き上げて移動させている光景を見かけるので、工夫が必要です。

赤ちゃんの保育室

〈ハイハイやヨチヨチ歩きの空間〉
ヨチヨチ歩きの子どものための空間と、カーペットに寝ている赤ちゃんが両手を使って遊ぶおもちゃが用意されています。

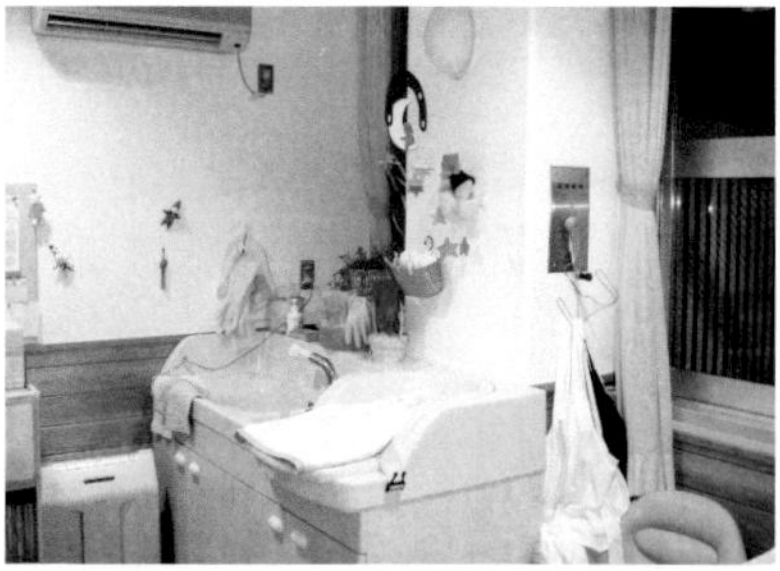

〈生活習慣を身につけさせる〉
オムツ交換はいつも決められた場所で行うことで習慣化し、同じ場所という安心感によって交換を嫌がりません。また、赤ちゃんが安心するように頭の上からはモビールのおもちゃを吊り下げます。

――生活習慣を身につけさせる

赤ちゃんの1日の大半は睡眠、食事、オムツ交換に時間がさかれます。このような生活習慣は赤ちゃんが大きくなるにつれて固定化されていくだけに、赤ちゃん期の生活習慣はその後の生活リズムに影響を与えます。例えば、赤ちゃんがぐずつくとミルクを与えるのを習慣にすると、お腹が空いているのか甘えたいのかが混乱してしまい、保育者との関係がとりにくくなる赤ちゃんもいます。オムツ交換といえば泣き逃げ回る赤ちゃんがいますが、オムツ交換時に心地よい体験を与える工夫も必要です。

◆1歳児……動きのある保育室

――保護者の出入りと子どもの動きの動線を考える

保育園に登園してくる子どもの時間はまちまちですが、登園してきた子どもを親から預かる時が、1日の始まりとして大切な時間です。子どもに「保育園にきた」という意識をもたせるための朝の挨拶や、親との会話、私物の預かり、親からの伝言、体調の記入、オムツの交換等で朝の保育室はざわつき、すでに遊びはじめていた子どもに落ち着きがなくなります。そこで、親との会話や、親に記入してもらう作業、私物の預かりを、保育室の入り口で済ませられるように、保育室との区切りをつけることで、朝の保育が安定した状態で始められます。動線がシンプルに分かりやすく設定されていることで、保護者がむやみに保育室に足を踏み入れる必要がなくなります。

1歳児の保育室

〈保護者の出入りと
　子どもの動きの動線を考える〉
親は子どもを連れてきて、そのまま保育室に入る場合があります。これは保育が落ち着かなくなる原因の1つです。保育室の入り口に、親とのこまごましたやり取りや子どもの私物を収納する場所を設定すると、保育室は落ち着き、親と子どもの動きを制限する動線が出てきます。

〈落ち着ける遊びのコーナー〉
小さな遊びの空間づくとしてパーテーションを利用します。歩き回ることなく遊びに集中できる工夫になります。

――落ち着ける遊びのコーナー

登園してきた子どもから保育室に入ってきますが、6人の子どもがいるとしたら、6人ともバラバラに行動をとりはじめ、保育者が一人ひとりに付き添わなければならないような光景を目にするときがあります。子どもが数人でかたまって遊べる小さな空間を用意してあげると、子どもが散らばって遊びに行く行動はなくなります。例えば、保育室の壁に郵便ポストをつくり、厚手の紙でハガキを作ります。子どもたちは、そのハガキをポストの穴に入れます。下から出てきたカードを繰り返し上の穴から落として遊びます。また、おもちゃを機能的に使わせるためにダンボール箱に固定すると、おもちゃ本来の遊びができやすくなります。

◆2歳児……生活習慣自立のための保育室

――おもちゃは子どもの感情を受け入れる

おもちゃは子どもにいろいろな遊びの能力を与えてくれます。例えば、手先や指先を器用に使うための機能遊び、引っぱったり動かしたりして探索する遊び、また、人形やごっこ遊びのような見立て遊び等、子どもの基本的な発達に欠かすことのできない遊びです。また保育室におもちゃがあることで、子どもは自分の気持ちを人（保育者）に受け入れてもらい、おもちゃも素直に自分の感情を受け入れてくれることを知ります。人を通して気持ちや感情の受け渡しができるのと同じように、おもちゃを通しても感情の交流ができることを学ぶのです。2歳児は友達と遊びたい気持ちはあっても、遊びの形にならない場合、つい髪の毛を引っぱったり、たたいたりすることが多いものです。おもちゃを相手に手渡すことができるのと同じように、互いの気持ちも譲り合えるのだということを、おもちゃ遊びを通して身につけ

2歳児の保育室

〈おもちゃは子どもの感情を受け入れる〉
子どもが自主的におもちゃ遊びをする秘訣はおもちゃの棚があることです。しかもおもちゃが分かりやすく秩序正しく置かれていることが必要です。

〈噛みつく、たたく、相手のおもちゃを取り上げる〉
子ども同士の争いを極力少なくするには、やはり子どもに遊びやすい遊び場を用意することです。小さなコーナーにおもちゃがある、取りやすいようにおもちゃの棚がある、グループで遊ぶ、１人で遊ぶといった保育室の工夫が大切です。

ます。

――噛みつく、たたく、相手のおもちゃを取り上げる

1、2歳児を世話する保育者に「何が一番困っていること?」とたずねると、決まって返ってくる返事が、噛みつく、たたく、それにおもちゃを取り上げる子どものことです。1、2歳児はまだまだ言葉での表現が自由にできないために、拒否や賛意に対しても噛みつくような行動が多く、保育者の頭を悩ませているようです。子どもが相手に近づいて、髪の毛を引っぱりそうになった瞬間、保育者がいきなり子どもの手を引っぱり、その場から移動させている光景を見かけますが、これではまるで物やおもちゃを移動させているようです。子どもが相手をたたきそうなとき、子どもの手を取って、それはダメと声を掛けながら、別のおもちゃのある場所へ連れていくのです。ただダメ、ダメの禁止や大きな声で制止をすることがあたりまえになると、子どもは禁止の声がかかることも自分が相手にされていると思いこみ、また、遊び相手に噛みつき、たたくことも遊びだと勘違いする傾向があります。それゆえ、保育者のちょっとした機転の利かせ方が必要です。

2歳児の保育室

〈生活習慣を身につけやすい工夫－１〉
自分で下着のパンツを着替えやすいように、腰掛け台をトイレの出入り口に準備します。まだオムツをしている子どものために個々のオムツが箱にしまわれています。

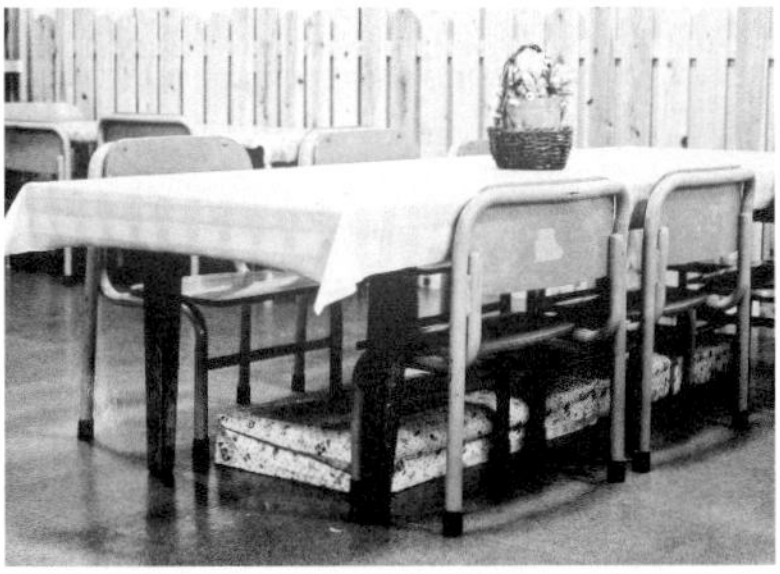

〈生活習慣を身につけやすい工夫－２〉
年齢によって椅子の高さは配慮されていますが、同年齢でも背丈の違いがあります。給食時に足をブラブラすると、動きまわるきっかけになります。足台を作るだけで落ち着きが出ます。

――生活習慣を身につけやすい工夫

食べること、寝ること、排泄すること、そして服の着脱といった生活習慣を身につけるコツは、どこで何をするのか、場所や時間がそれぞれ決まっていることが大切です。例えば、衣服の着脱は１日に数回繰り返すだけに、着脱しやすい工夫をするだけで、子どもは自分で何をすればいいのか分かってきます。まず、いつも同じ場所でさせることと、脱いだ衣服や汚れた衣服をどこに入れるかを決め、入れる場所に子どもに分かりやすいマークをつけます。トイレの後や食事の前に手を洗う場合も、子ども1人ではまだまだ丁寧に洗うことができませんから、はじめのうちは「親指を洗ってね、次は小指ね」と名前を言いながら一緒に洗ってあげることで、子どもはせっけんを泡だてることだけでなく、洗うときの手の使い方も理解します。テーブルに座るときに落ち着きのない子どもを観察すると、しばしば椅子が背丈に比べて高すぎるため、足をブラブラさせています。両足がしっかりと床につくようにダンボールで足台を作ります。パンツやズボンをはきにくそうにしているときは、おしりを乗せる小さな台（椅子）を用意してあげると、意外と上手に片足ずつが入れられます。最近の子どもは家庭でしつけをされていない、というより、「生活の型」を教えられていません。「○○しなさい」と言葉で指示するのではなくて、箸の持ち方、靴の揃え方、手の洗い方、服の着脱の形を教えることが必要です。

◆3歳児……パーテーションを利用した遊びの基地作り
——Feedingの大切さ

Feeding《フィーディング》という言葉を知っていますか。もともと餌を与えるという意味ですが、本来は〝授乳〟を意味し、子どもが求めたらその瞬間に与えられることを意味しています。子どもの要求（Needs）にうまく合わせることがフィーディングなのですが、子どもの要求と与える側のフィーディングが合わないような時間が続くと、子どもは退屈して暇つぶし的な、その場限りの遊びで終わってしまいます。仲間と一緒に遊ぶ、異年齢で遊ぶ、保育者の話に耳を傾ける、そして1人で遊ぶといった多様な遊び体験を与えながら、フィーディングを繰り返すことで、遊べる子どもに成長していくのです。フィーディングしやすい環境づくりをしましょう。まずは、保育室を机で小さなグループに分けて、それぞれのコーナーにテーマを用意します。

3歳児の保育室

〈パーテーションの活用法〉
人形劇、お買い物ごっこ、そして小さな部屋空間ができるパーテーションを使ったコーナー遊びの展開。それぞれ異なった遊びが展開できる工夫がなされています。

〈遊びの基地を作る〉
パーテーションで遊びの基地を作ると、お買い物ごっこ、人形劇と、多様な機能遊びの空間に変化します。

〈私の部屋を作る〉
子どもたちはパーテーションの玄関を使って出入りします。絵本の読み聞かせをこの部屋ですると子どもたちはぐっと静かになる、と保育者たちは言います。

――パーテーションで遊びの基地を作る

押し入れを改造した狭い空間がいつのまにか、台所、風呂場、寝室へと変化します。たとえ狭い場所でも、ごっこ遊びの場が用意してあると、子どもたちの遊びのイメージが広がり、同じ空間を見事に多様な変化と刺激ある場所に変えていきます。また、保育園のあちこちからいろいろな遊びの素材が持ち込まれるために雑然とした空間になりがちですが、おもちゃやごっこ遊びの道具を並べる棚を用意し、それぞれの場にラベルを貼って、落ち着いて遊べるごっこ空間を保ってください。

――パーテーションで私の部屋を作る

集団保育では子どもの〝私だけの〟の場所を設定することは難しいことです。子どもたちの意識の中に自分たちの空間意識をもたせるために、大きなダンボールを部屋に用意してあげる、また、押し入れや階段の下を利用して、穴にもぐり込むような場所を作ってあげます。そこは遊びの基地であるとともに、子どもたちだけで企画・計画した独自の遊びが行われ、しかも遊びを継続させるために自分たちだけで何かとやり繰りをする場なのです。

4歳児の保育室

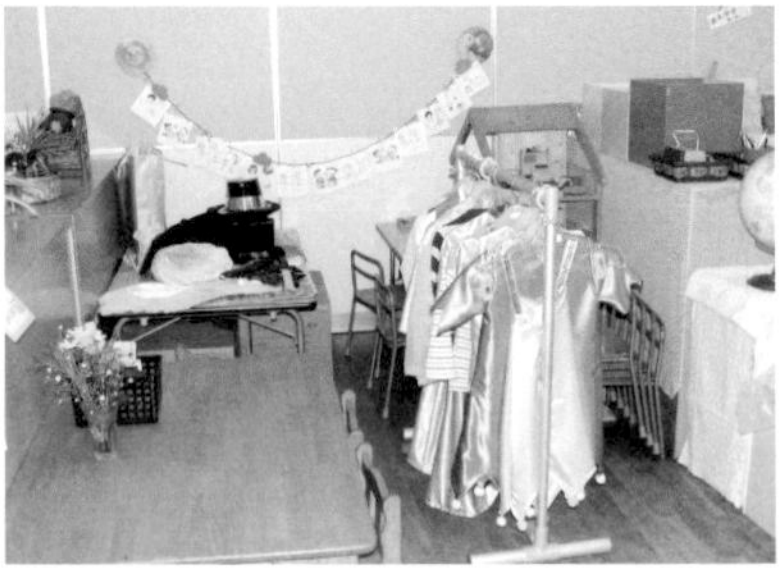

〈ドレスアップコーナー〉
保護者の協力を得てさまざまな衣装が用意されています。登園するとすぐさまドレスアップして、そのままの衣装で保育に入る子どももいます。

〈アトリエ空間をつくる〉
子どもたちの作品は廊下や部屋の中に吊り下げて、他のクラスの子どもにも見えるようにします。また、日本では個人用のお稽古箱を持つ習慣もありますが、コーナー遊びを展開すると一斉に同じ道具を使う必要はないので、コーナー遊びに必要な数だけ用意します。

◆4歳児……アトリエコーナーのある保育室
――ドレスアップコーナー

ごっこ遊びの典型は、子どもたちがあこがれの役になることです。お母さん役に人気が集まったり、テレビのアニメに影響されたりすることもしばしばですが、子どもはお母さんやお父さんになりたいのではなくて、大人や憧れの人物がもっている雰囲気や役柄を手にしたいのです。保護者の協力を得て古くなった衣装、例えば、ドレス、背広、帽子、作業服や制服等を子どもサイズにリフォームして、保育室の片隅に吊るしてあげます。ドレスアップというちょっとした工夫で、子ども同士の共感や感情の交流が盛んになります。等身大に映る大きな鏡も用意してあげる配慮も必要です。

――アトリエ空間をつくる

アトリエのある保育空間、という発想を最初に実践したのがレジオ・エミリア幼稚園です。従来の絵画や粘土制作という範疇を超えた、幅広い創造やイメージ遊びが用意された空間です。アトリエ空間はイメージや言語表現を通して、子どもの感情や考え方を具体化していく手段だと考えられています。レジオの子どもたちが作り上げた作品群は、ヨーロッパやアメリカの美術館で展示されますが、どの作品も子どもたちが自分の感覚を駆使して作り上げていく姿が目に見えるようです。

アトリエ空間には、絵画制作の道具、粘土や彫刻の道具、自然から採集した貝殻、葉っぱ、枯れ木、岩石や砂を子どもたちが自由に使えるように配置します。アトリエ空間では、子どもたちは色を塗り、描き、そして粘土で彫像するテクニックを遊びながら身につけます。いろいろな素材を使って自己の気持ちや感情、それに考え方を表現するのを保育者が手伝うのですが、その表現された作品の中には、子どもの考え方のプロセスが隠されています。保育や教育は子どもにものごとの意味や具体的な理解の仕方（知識）を教えることだと信じられていますが、本来は、子ども自身に自己の内面で「分かった、感じた」という実感を与えることです。

また、保育室に大きなシーツをスクリーンのように張り、スライドや映像機器を使って子どもに影絵遊びをさせます。スクリーンに海底や山林の写真を映し出すと、それを背景に子どもたちがさまざまな物語を演出します。自分の体を使った表現遊びは、子どもの自己像や他者への関心を育てる機会にもなります。

◆5歳児……リサイクルコーナーを設定する
——工夫次第で生まれる多様な創作活動

「子どもは遊びの天才だから、放っておいても遊べる」という自然論が正しいのでしょうか？　私はこの考え方にかなりの疑問をもっています。私が幼児期だった戦後は、親たちは家族を食べさせるのに必死だったために、子どもと遊んだり、レジャーランドに連れて行ったりする余裕はありませんでした。私の親も商売をしていたので「外で遊びなさい」が口癖でした。そのためあちこちの家をまわって遊び相手を見つけ、近くの原っぱや河原で1日中遊んでいた記憶が残っています。このように子どもには放っておかれても遊びを見つける力はあるのですが、しかし、十分な遊びの準備がなされ遊びのヒントを与えてくれる保育者がそばにいるかどうかで、遊びの広がりやイメージの展開は大きく異なるように思います。

アメリカ、ボストンの子ども博物館は、世界で子どもたちにもっとも人気のあるミュージアムの1つです。もともと倉庫として使われていた空間を使ったそうですが、〝観る〟ミュージアムから〝触れる〟ミュージアムに変化させたことが成功の秘密のようです。博物館のショップではおもしろい小物が売られています。プラスチックの筒、サイズや色の違う各種のボタン、形の違う紙片類などが安い値段で棚に並んでいます。あちこちの工場や製作場で作られる製品の余り物、いわゆるリサイクル品です。博物館のリサイクルコーナーには、ペットボトルの箱、板切れの箱、牛乳パックの箱、それに大工道具等が置かれていて、子どもたちは自由にそれらを使って遊んでいます。同時に、玄人並みの技をもったボランティアの大人が、子どもたちに道具の使い方を教えています。保育室での子どもの遊びを考えるヒントになります。

5歳児の保育室

〈工夫次第で多様な創作活動が生まれる〉
リサイクル遊びの素材は豊富にあります。例えば、牛乳パック、ペットボトル、古新聞紙、広告紙、木材の切れ端、ボタン、紙の切れ端と、保護者の協力があれば容易に集まります。大切なのは創造的なアイデアです。子どもたちの奇抜なアイデアを大切にしたいものです。

〈豊富な積み木が用意されている〉
フレーベル幼稚園の年長児の保育室には、積み木遊び専用の場所と豊富な積み木が用意されています。子どもたちはずいぶん長い時間を積み木遊びに費やします。

——豊富な積み木が用意されている

保育室には必ず積み木（プラスチック素材や木で作られた大きな積み木も含めて）が用意されていますが、子どもたちはしばしば、積み木を投げ合い、攻撃的な武器に見立てて遊んでしまいます。しかし、保育者が積み木遊びの意味を理解し、積み木遊びを教えられている子どもたちが、真剣なまなざしで積み木に取り組んでいる光景も見かけます。積み木遊びは構成的な遊びともいわれ、子どもの創造力、美的感覚、秩序観、問題解決能力、それに手の器用さや身体感覚といった総合的な能力

国際文化都市ワイマール（ドイツ）の石畳の歩道の修理に石のブロックが使われています。保育室で積み木遊びをしている子どもたちの姿にそっくりです。ヨーロッパの伝統のなかから積み木遊びが生まれたようです。

を育ててくれます。

子どもが保育室の中で積み木遊びを始める前に、いろいろな形をした積み木をいっしょの箱に入れ、無造作に散らかしておくのではなく、それぞれの形の積み木を別々の箱に入れて、箱の外に積み木の絵を描いたラベルを貼っておきます。また、どこで遊んでもよいとはせずに、狭い場所であっても積み木遊び専用の空間を用意すると、子どもは積み木遊びに熱中できます。

「積み木で遊んでくれない」という保育者の声も聞こえてきますが、もう1つの遊びの条件に、積み木が豊富にある（予算的な問題もあると思いますが）ことも必要です。また、積み木の構築物が保育室の片隅に、そのままの状態で置かれていることが、明日の遊びにつながっていくのです。

園庭遊びと感覚体験の大切さ

子どものたちは変温動物か？

毎年のように、子どもの体力低下や体の変化が現場から報告されています。子どもの体は大きくなると体力も増えるのが普通ですが、近年の調査では、体の大きさに反比例して体力が低下してきています。平面の床を歩いていてつまずく、倒れると手が出ないために頭や目をけがする、散歩の途中に電柱とぶつかる、田んぼのあぜ道がうまく歩けなくて転ぶ等、都会の子どもからも地方の子どもからも同じような報告が出ています。

保育の現場ではよく知られた話ですが、真夏、クーラーを止めて保育していた5歳児が11時ごろに熱を出してぐったりしたので、保護者が迎えにきて自宅のマンションで寝かせると、たちまち体温が下がったそうです。保育室は高温でそれに反応して体温が上がり、マンションは冷房が効いていたので、体がそれに反応して体温が下がったというのです。まさか、温度に応じて人の体が変化するはずがありませんが、奇妙な体調を示す子どもが増えたということです。

子どもの基地としての遊び場

子どもたちが変わった、といわれる理由の1つが、子どもたちの遊びが「外」から「内」に変わってきたことです。原っぱや路上で遊ぶ子どもがいなくなり、子どもたちはテレビやゲーム機を囲んで家の中で遊んでいます。男の子たちが路上で鋭く研いだ釘を地面に打ち込み、女の子たちは地面に絵を描いて、その上に砂を被せ

オランダの幼稚園の園庭で偶然に見かけた光景。保育者が干したカーペットを隠れ家がわりに使って遊んでいます。

て隠された絵を探すような、路上遊びの姿がぱったりと消えたのは、1960年以降の高度成長による自動車の普及と全国に張り巡らされた高速道路化からです。路上から子どもたちの姿が消え去ったのです。最近では、学校の放課後すら運動場から子どもの姿が消えました。子どもの遊び場である公園の整備は進んでいますが、お役所が作り上げた立派な公園には、乳児を遊ばせている親やお年寄りが寄り集まっています。子どもにとっての遊びの場所というのは、空間が用意されているだけでは意味がないようです。

かつての子どもの遊び場というのは、路地裏や学校の体育館の裏でした。親や教師の目の届かない秘密の場所や基地が、子どもの集まる遊びサロンとしての子どもの文化圏でした。こういう場所が、子どもに豊かな想像力や交流関係を育んでくれました。子どもたちの秘密の基地は、必ずしも、路地裏だけではありません。路地裏が仲間集団としての子どもサロンの場としたら、家の中は子どもが勝手気ままに、1人で、または兄弟姉妹同士が交流した場でした。「静かにしなさい、外で遊びなさい」と叱られながらも、食卓の下に隠れたり、ソファーの上で暴れたり、狭いながらも子どもたちは我が家にも遊びの空間をもっていたものです。

フレーベル幼稚園の円形歩道のある庭。丸太、小石、岩石、砂、そして芝生と様々な感覚素材の上を歩きます。

心の原風景としての遊び場の大切さ

年老いた人々が、それぞれの子ども時代の想い出を語るとき、親や世話になった人々のことよりも、まず最初に、河や原っぱでの「想い出の遊び場」を語るといいます。人の心の原風景に子ども時代の外遊び場の空間が大きな位置を占めているとしたなら、子どもにとっての「遊び場」とは何か、保育現場での園庭（所庭）空間を再考する必要があります。

子どもの外遊び空間は、次のように分類することができます。

（1）山、川、池など自然空間としての遊び場
（2）公園や幼稚園・保育園の園庭、それに学校の運動場での遊び空間
（3）家の外に出ると道路が遊び場だった時代の路上空間
（4）冒険的な遊びを求めた子どもにとって、工事現場や廃材置き場、また学校の屋上や体育館裏を利用した空間
（5）子どもだけの秘密の基地的な遊び場として、路地裏、屋根裏、押し入れ、保育室の隅っこの空間

これらの遊び空間は少し危ない要素が入り混じっていることが、子どもを夢中にさせる秘訣だと思います。安全重視の生活の中で、子どもの遊びに危険を持ち込む

ことは不可能な時代ですが、ちょっぴり危ないけれども、子どもたちを〝ひやり〟とさせるような遊びを工夫できないでしょうか。毎日、少しは小さなけがをするけれども、自分の安全を十分に自分で守れるような子どもに育て、冒険や基地空間から生まれる異年齢集団の遊びの中で、豊かな社会性を身につけるようなチャンスを与えてあげたいものです。

なぜ、これまでの園庭遊びが問題なのか

現代のあちこちの園庭で子どもたちの遊びを観察すると、一様に紋切り型の遊びが行われていることに気がつきます。まず、目に付くのが三輪車やスクーターで走り回っているか、アニメの戦闘シーンごっこに夢中になっている姿です。自然なたまりとして遊んでいるのは砂場とブランコの周辺だけです。それ以外は、保育者の指導でゲーム等のグループ遊びと年少児のお散歩風景です。このような遊びの空間では、子どもが遊具に挑戦し、同年齢や異年齢との関わりを軸にした遊びの構成が期待できません。

理想的な園庭遊びの風景を描くとすれば、まず、子どもたちは登園とともに、それぞれの場所で遊びを始めます。天気がよければ大勢の子どもが園庭で遊んでいま

園庭に古タイヤを利用した基地。板をパネルタイプして折りたたみができる道、ドラム缶の隠れ家、お買い物や冒険遊びができる小屋、そしてブランコ台は古タイヤを利用しています。

す。三輪車で走る、ブランコに乗る、滑り台に登る、砂場に集まる、古タイヤの山で遊ぶ、ドラム缶の中に入る、小屋の中でごっこ遊びをする等、子どもたちはバラバラに遊んでいますが、遊びが次第に活発になり集中されると、いくつかの子どもの「かたまり」が出てきます。そして、「かたまり」を中心に遊びが展開され出すと、園庭全体に一瞬シーンとした静けさがただよい、遊びが最高潮に達します。しばらくすると、それぞれの「かたまり」が騒がしくなり、子どもたちが再び散りはじめた頃をねらって、保育者が保育室に入るように誘いかけますが、子どもたちは使った道具は場所に戻して部屋に入っていきます。

安全に遊ばせるための工夫

先ほども述べましたが、園庭でちょっと転んだだけで骨折をしたり、頭を打ったりしてけがをする子ども、ボールが顔に当たるのが分かっていても避けられない子どもが増えてきました。また、ジャングルジムの上で、突然両手を離して大けがをした子どもの話や、砂場で転んだ時に、顔が砂

遊び道具が整然と配置され、遊び終われば再び同じ場所に収納できるように、それぞれの道具の絵が収納場所に描かれています。

に詰まって起きあがれないために窒息死したという話を聞くと、自由に冒険的な遊びをさせましょうと軽率にいえないのが昨今です。そこで、遊びにはけがは付き物というものの、できる限り安全に〝ひやり〟とさせる遊びのヒントをいくつか述べます。

（1）遊びなれていない子どもが多くなったために、遊びはなるべくシンプルな技能を必要とするものから、次第に難しい遊びに馴れさせます。そのために、新しい遊具を出す場合は特に注意が必要です。

（2）同年齢の子どもの集団ではなくて、異年齢集団のほうがけが率は少ないために、遊具や遊び方の工夫での集団形成を考えることが大切です。

（3）遊具上で起こるけがを全国的に調査をすると、一番多いのがブランコだそうです。そのためかブランコをてっぺんに巻きつけて使わせないようにしている園もありますが、「ゆれる」「めまいがする」遊びは、子どもには欠かすことのできない運動です。そのために、ブランコの座り台に半分に切られたタイヤを巻きつけたり、ゴム板の台に取り替えたり、鎖を丈夫なロープにすることで、子どもたちは安全に遊べます。

自分がいま、砂を運ぶ台車を使っていることを意識させるために、台車の絵が描かれたエプロンをかけさせて遊ばせます。

子どもたちの運動不足や体力低下が毎年のように騒がれていますが、そもそも、その根っこは子どもたちから遊びの姿が消えたことが問題です。物理的な遊びの空間の不足や子どもたちの生活スタイルのあり方に、識者から警告が発せられていますが、再度、子どもにとっての遊びの意味を真剣に考える必要があります。世界で初めての幼稚園（キンダーガルテン）の創設者フレーベルの「子どもは遊ぶことで人生を学ぶ」という言葉の重みがひしひしと感じられる昨今です。

取材・写真・参考文献等

取材協力

ツース・フォン・カルク／ビデオ製作者（Toos van Kuyk《video producer》Holland）
トーマス・ウルフ／写真家（Thomas Wolf《photography》Germany）
オランダ　アムステルダム　モンテッソーリ幼稚園（Montessori School Amsterdam Holland）
オランダ　アーネム　ピラミッドメソッド幼稚園（Pyramid School Arnhem Holland）
オランダ　アーネム　ピラミッドメソッド・デイケアーセンター（Day Care Center Arnhem Holland）
オランダ　アーネム　シュタイナー幼稚園（Rudolf Steiner School Arnhem Holland）
ドイツ　カッセル　シュタイナー幼稚園（Rudolf Steiner Kindergarten Kassel Germany）
ドイツ　バイエルン州　バート・ローダッハ幼稚園（Bad - Rodach Bayern Kindergarten Germany）
ドイツ　チューリンゲン州　モンテッソーリ幼稚園（Montessori Kindergarten Thueringen Germany）
ドイツ　エアフルト　シュタイナー幼稚園（Rudolf Steiner Kindergarten Erfurt Germany）
ドイツ　バイエルン州　デーレデーベン幼稚園（Kindergarten Bayern Germany）
ドイツ　ブランケンブルク　フレーベル幼稚園（Förbel Kindergarten Blankenburg Germany）
イタリア　レジオ・エミリア幼稚園（Reggio Emilia Pre-school Italy）
イタリア　ミラノ幼稚園（Milano Day Care Center Italy）
ロシア　モスクワ　ニキーチン家（Nikitin Education Moscow Russia）

社会福祉法人未知の会　春日保育園（香川県高松市）
奈良市立春日保育所（奈良県奈良市）
奈良市立都南保育所（奈良県奈良市）
社会福祉法人防府滋光会　錦江第二保育園（山口県防府市）
学校法人島田学園　中関幼稚園（山口県防府市）
双名保育所（高知県）
世田谷区保育所（東京都）
大阪市立矢田教育の森保育所（大阪市）

写真提供

ニキーチン家／スクリッパリョ家／ジョルダン社

写真提供

写真家ヴォルフ氏／Toos Van Kuyk／Toos Video／筆者

参考図書及び論文（Literature）

（1）Project in the Pyramid Method/ Dr. Jef van Kuyk
（2）What curriculum works in ECE:holistic or specific? / Dr. Jef van Kuyk（The International Conference on Early Childhood Education 9 March 2006）
（3）Pyramid The method（Cito） Holland/ Dr. Jef van Kuyk 2003

Approch to Early Childhood Education
Jaipaul L. Roopnarine/ James E. Johnson Merril Prentice Hall
（4）Bilder aus dem Kindergarten/ Dr. Guenter Erning
（5）Pyramid Book 1 （Cito） / Dr. Jef van Kuyk
（6）The Hundred Language of children/ Reggio Children S.r.l
（7）International Early Education Conference 2006.03.15 - 16 Ahrem
（8）Fundamentals of the Reggio Emilia. Approach to Early Childhood Education/ Lelle Gandini
（9）Geschichte des Kindergartens/ Guenter Erning/ Kahr Neumann/ Jiergen Reyer
（10）Inventing KIDERGARTEN Norman Brosterman Harry N./ Abrams, Inc
（11）Das Auge schlaeft bis es der Geist mit einer Frage weckt
（12）Toxic Childhood/ Sue Palmer/ Orion publishing
（13）「子供の誕生」アリエス　杉山光信／杉山恵美子訳　みすず書房
（14）『砂漠の薔薇』新堂冬樹　幻冬舎
（15）『母性という神話』E・バターンテール　鈴木晶訳　ちくま学芸文庫
（16）『モンテッソーリの知恵』レスリー・ブリトン　辻井正訳　ブラザー・ジョルダン社
（17）『アスペルガー症候群と学習障害』ささきはらよういち　講談社
（18）『若者が社会的弱者に転落する日』宮本みち子　洋泉社
（19）『新しい家庭教育の創造』羽仁協子　雲母書房
（20）『空間に生きる―空間認知の発達的研究―』空間認知の発達的研究会編　北大路書房

(21)『ニキーチン夫妻と七人の子ども』レーナ／ボリス・ニキーチン　匹田軍次／紀子訳　暮しの手帖
(22)『ニキーチンの積み木遊び』ボリス・ニキーチン　匹田軍次／紀子訳　暮しの手帖
(23)『ニキーチンの母親の学校』ボリス・ニキーチン　尾家順子訳　ブラザー・ジョルダン社
(24)『人智学を基礎とする　治療教育の実践』仁田義之／貴代訳　国土社
(25)『未来の保育園・幼稚園ピラミッド教育法』辻井正訳　ピラミッドメソッド日本センター
(26)『危険な脳はこうして作られる』吉成真由美　新潮社
(27)『追跡「佐世保小六女児同級生殺害事件」』草薙厚子　講談社
(28)『この国のかたち（1）』司馬遼太郎　文芸春秋社
(29)『ソフト・スクールのすすめ—新しい学校像を求めて—』西島建男　マルジュ社
(30)『脳内汚染』岡田尊司　文芸春秋社
(31)『ＰＩＳＡショック—学力は保育で決まる—』辻井　正　オクターブ社

あとがき

私は、信じられないような「子ども事件」から書き始め、現在の教育、特に幼児教育現場が抱え込んでいるさまざまな問題を書きました。しかし、子ども問題のすべての原因が学校や幼稚園・保育園にあるとは思えないのですが、日々子どもの行動や、時には保護者の考え方と葛藤しながら、何とも変えようのない現場の姿を目にするにつれて、現在の幼児教育制度（幼稚園・保育園）のゆがみを指摘せざるを得ませんでした。

明治に先進諸国の教育組織が導入されるまでの江戸時代は、武士階級は藩校でエリート的な子弟教育を行っていましたが、庶民の多くには寺小屋とよばれる多様な魅力あふれる教育機関がありました。寺小屋は地域社会の子どもたちの寄せ集め的な異年齢集団であり、そこには地縁と血縁で結ばれた豊かな子ども集団があったに違いありません。しかし、近代教育が導入されるとそれらの集団が解体されて、一律的な年齢区分による学校制度が確立され今日まで続いています。そして、現場の先生方の悩みに耳を傾けても、最後は「それではどうすればいいの？」と具体的な提案を出せない自分にも焦りを感じる中で、これまで足を運んだ、ヨーロッパの幼児教育の現場にヒントがあるように思ったのです。

私は36年前にドイツの子どもの施設ベーテルで勤務して以来、ヨーロッパの幼児教育システムに関心をもってきましたが、その後、ヨーロッパ各国の幼児教育施設を訪問するたびに、保育内容はもちろん保育室やおもちゃに興味を抱き、多くの保育室をたずねて写真を撮らせていただきました。

ドイツ北部のオランダとの国境近くに住んでいたために、オランダのニーホイス・モンテッソーリ教具会社2代目社長ニーホイスさんと知り合い、モンテッソーリ教具や教育方法にも目が開かれました。

その後、ドイツのカッセルでシュタイナーおもちゃを製作していたシュミットさんと出会いが縁となり、シュタイナー保育室のすばらしさを教えられました。彼はカッセルのシュタイナー学校の第1期卒業生で、息子、孫も同じ幼稚園と学校出身です。シュミットさんが話してくれた第2次大戦中のナチスによる、シュタイナー教育への弾圧談も記憶に残っています。

ベルリンの壁が崩壊した翌年1990年、旧東ドイツあるフレーベル誕生地と現存するフレーベル幼稚園を訪れたことは新鮮な喜びでした。その後、数回、この地を訪れていますが、園長のヘーンさんやフレーベル博物館のロックシュタイン女史からも多くを学びました。

ちょうど8年前にイタリアのレジオ・エミリア幼稚園・保育園で研修の機会を与えられ、それが縁でアメリカにレジオを紹介したガンデニー博士に、大阪の地でレジオを語っていただいたことも、保育環境に目が開かれるチャンスでした。

そして4年前に、オランダ政府教育機構Cito《チト》（旧オランダ王国教育評価機関）のカルク博士と会談する機会を得ました。彼がピラミッドメソッドと呼ばれる新しい理論を展開し、幼児期の子どもの心理的な安全を柱にした「足場論」を熱く語るのを聴きながら、現代の社会情勢を見据えた彼の具体的な保育実践論は、日本の現状にも受け入れられやすい内容だと意を強くしました。

日本では、教育や保育現場の混乱や問題点の論議に使われる時間の多くは、それらが引き起こす原因の背景や精神性についてです。時には、教師や保育者の心のあり方にまで話が進み、議論に参加する私自身も納得し、自分の無力さや政治の非情を嘆くことで自己満足しがちでした。

私たちは、保育や教育を極めて抽象化（情緒化）させ「人生＝教育（保育）」

にならざるを得ないようですが、西欧の幼児教育者間では、どちらかといえば現実的な解決策の論議が多く、それは彼らの思考性が論理的で問題解決への組み立て方（構造力）が得意だからだと思います。

「子どもは教育や保育を受けるために生まれてきたのではなく、まず、どのように生きるかを学ぶために生まれてきた」とオランダの友人が言いました。そう言われて改めてオランダの保育現場を覗いてみると、保育室には子どもが自分で人生の課題を解決するための多彩な保育室づくりや、カリキュラムが用意されていることも気がつきました。ヨーロッパ諸国やアメリカは、多民族と異文化との日々の摩擦が教育や保育の現場を被っている現実から、抽象的で純粋な思想（イデオロギー）だけでは現実の壁は越えられないことを教師や保育者が身に染みて感じているようです。彼らが経験してきた近年の歴史から、私たちは謙虚に学ぶべきだと思っています。

　私のこれまでの出会いを、写真を中心にまとめることを示唆していただいたのが、㈱オクターブ社長光本稔氏でしたが、彼とも不思議なご縁で30年来のお付き合いです。この本を開いていただいた皆さんは、私の歩みに合わせてともに歩いていただいたのだと喜んでいます。最後に、光本氏、編集の苦労を担っていただいた花月編集工房の花月亜子さん、それに私の秘書の小島朝美さんに感謝いたします。

謝辞：写真撮影に協力していただいた海外の多くの幼稚園と、日本で新しい保育のスタイルに挑戦しておられる保育園や幼稚園と先生方、そしてビデオ製作者Toos van Kuykさんと写真家のThomas Wolf氏に謝辞を申し上げます。

二〇〇六年十月

辻井　正

著者略歴

辻井　正（つじい・ただし）

関西学院大学商学部卒業、同大学文学部修士課程終了。大阪教育大学、神戸女学院大学講師を歴任。日本初のおもちゃライブラリーを設立。現在、アサヒベビー相談（朝日新聞社厚生文化事業団）カウンセラー、オランダ政府教育機構Cito（旧オランダ国立教育評価機構）ピラミッドメソッド日本センター所長、辻井こども総合研究所所長。平成12年大阪府教育功労賞授賞。平成13年社会学博士号習得。

著書・訳書に「悩みコクフク！子育てBOOKs」シリーズ①〜③（オクターブ）、『幼稚園・保育園に行くまでに──子育て支援book』『しつけなき子育て』『ちょっと気になる子育て』（ひかりのくに）、『障害をもつ子どものお母さんと先生のために』（学研）、『障害児保育の考え方と実践』（エーデル研究所）、『PISAショック─学力は保育で決まる─』（オクターブ）、『ピラミッドメソッド保育カリキュラム全集』監修（ピラミッドメソッド日本センター）などがある。

http://www.tsujii-lab.com

ベストキンダーガーデン
───フレーベル、モンテッソーリ、シュタイナー、レジオ・エミリア、ニキーチン、ピラミッドメソッドの幼児教育の現場に学ぶ

2006年11月25日　初版第1刷発行
2018年3月20日　第3刷発行

著者……………………辻井《つじい》　正《ただし》
発行者…………………光本　稔
発行……………………株式会社オクターブ
〒606-8156 京都府京都市左京区一乗寺松原町31-2
電話（075）708-7168
FAX（075）571-4373
編集協力………………花月編集工房
印刷・製本……………NISSHA株式会社

ISBN4-89231-045-X C0037